Karlheinz Jacobi

Palmen für Haus und Garten

Dritte, durchgesehene Auflage

BLV Garten- und Blumenpraxis

Die Deutsche Bibliothek –
CIP-Einheitsaufnahme

Palmen für Haus und Garten /
Karlheinz Jacobi. – 3., durchges. Aufl. –
München; Wien; Zürich: BLV, 1992.
 (BLV Garten- und Blumenpraxis; 341)
 ISBN 3-405-13304-1
NE: Jacobi, Karlheinz; GT

BLV Verlagsgesellschaft mbH
München Wien Zürich
8000 München 40

BLV Garten- und Blumenpraxis 341

© BLV Verlagsgesellschaft mbH,
München 1992

Das Werk einschließlich aller seiner Teile ist urheberrechtlich geschützt. Jede Verwertung außerhalb der engen Grenzen des Urheberrechtsgesetzes ist ohne Zustimmung des Verlags unzulässig und strafbar. Das gilt insbesondere für Vervielfältigungen, Übersetzungen, Mikroverfilmungen und die Einspeicherung und Verarbeitung in elektronischen Systemen.

Lektorat: Katja Holler

Gesamtherstellung: R. Oldenbourg, München

Printed in Germany · ISBN 3-405-13304-1

Bildnachweis

Apel 17, 63, 64, 78, 82 o, 91, 98 ol, 98 or, 99, 100, 101 o, 105 o, 105 m, 105 u, 106 ur, 107, 108, 110, 111 u, 117, 123
Blumenbüro Holland 112/113
Botanischer Garten Berlin 11
Burda 35, 46
CMA 6, 15, 22, 25, 26
Eisenbeiss 43, 50
Eisenreich 2, 9, 10, 32, 33 ol, 33 or, 33 ur, 65, 75, 76 o, 83 o, 114/115, 125
Gregg 28, 61
Jesse 55, 69, 72, 84
E. Jacobi 67, 73, 88, 119 ur, 120
Kobay/Segmenta 31
Margarine-Institut 116, 118, 119 o, 119 ul, 121 o, 121 u, 122
Reithmeier 44 ol
Firma Romberg & Sohn 36
Sammer 97
Seibold 48, 53, 85, 92, 102, 103
Seidl 42, 44 or, 101 u, 106 ul
Sommer 54, 76 u, 82 u
Stein 30
Strauß 59
Weber 22
Wetterwald 18, 20, 57, 71, 81, 83 u, 90, 94, 104, 106 ol, 111 o.

Titelfoto: CMA

Inhalt

7 Palmen in Geschichte und Kultur

11 Von der Orangerie in die gute Stube

14 Zimmerbäume in der Wohnung

16 Vom Umgang mit Palmen

Palmenpflege allgemein 16
Die unterschiedlichen Wasserwünsche 20
Palmen in Hydrokultur 24
Pflanzen-Vermehrung durch Samen 29
Spezielles über die Vermehrung von Palmen 32
Bodenheizung hilft beim Keimen und Wachsen 36
Wenn Palmen und andere Zimmerbäume zu groß werden 37
Pflegefehler machen Pflanzen krank 38
Pflanzenschutz 41

47 Palmen im Portrait

Archontophoenix 47
Betelpalme, *Areca* 49
Rotangpalme, *Calamus* 51
Fischschwanzpalme, *Caryota* 52
Bergpalme, *Chamaedorea* 54
Zwergpalme, *Chamaerops humilis* 58
Goldfruchtpalme, *Chrysalidocarpus lutescens* 61
Kokospalme, *Cocos nucifera* 62
Rotstielpalme, *Cyrtostachys renda* 66
Euterpe 68
Kentiapalme, *Howeia* 68
Strahlenpalme, *Licuala* 73
Livistona 74
Seychellennußpalme, *Lodoicea maldivica* 75
Kokospälmchen, *Microcoelum weddelianum* 77
Neodypis 79
Dattelpalme, *Phoenix* 80
Rutenpalme, *Rhapis* 85
Nikanpalme, *Rhopalostylis* 86
Königspalme, *Roystonea regia* 87
Hanfpalme, *Trachycarpus fortunei* 89
Washingtonia 92

95 Andere Zimmerbäume

96 Kleine Begleitpflanzen

Kletterfeige, *Ficus pumila* 98
Fittonie, *Fittonia* 98
Efeu, *Hedera* 99
Roseneibisch, *Hibiscus* 100
Marante, *Maranta* 101
Korallenmoos, *Nertera* 102
Schlangenbart, *Ophiopogon* 103
Madagaskar-Palme, *Pachypodium geayi* 104
Zwergpfeffer, *Peperomia* 104
Kanonierblume, *Pilea* 106
Blattpfeffer, *Piper* 107
Judenbart, *Saxifraga stolonifera* 108
Frauenhaargras, *Scirpus cernuus* 109
Moosfarn, *Selaginella* 110
Bubiköpfchen, *Soleirolia soleirolii* 111
Purpurtute, *Syngonium* 111

115 Anbau und Nutzung der Palmen

Kokospalme, *Cocos nucifera* 115
Ölpalme, *Elaeis guineensis* 120
Dattelpalme, *Phoenix dactylifera* 123

126 Register

Palmen in Geschichte und Kultur

Palmen wurden seit Jahrtausenden von den Menschen bewundert und genutzt. Sie spielten eine beträchtliche Rolle in Religionen, in Mythologien, in Sitten und Gebräuchen vor allem der Menschen, die in den riesigen Tropengebieten der Alten und Neuen Welt lebten und leben. Bereits 8000 Jahre alt sollen Hinweise auf die ersten *Phoenix*-Palmen sein, eine der bekanntesten subtropischen Pflanzenarten der Alten Welt, die der griechische Naturforscher Theophrast (372–287 v. Chr.) so genannt haben soll. Homer besang diese Palme im sechsten Gesang (»...so herrlich keimt kein anderes Wachstum«).
Im Griechenland der Antike war neben dem Lorbeer die Palme als Siegeszeichen hoch angesehen. Aristoteles rühmte die Zähigkeit des Palmenholzes, das sich wie ein stolzer Sieger niemals unterwürfig beugt. Deshalb wurden auch die christlichen Märtyrer gelegentlich mit einer Palme abgebildet.
Der Naturkundler Plinius (23–79 n. Chr.), der Politik mit Wissenschaft geschickt verband, bezeichnet die *Phoenix*-Palme als wichtigste Art. Der Name *Phoenix* blieb als Familienname für alle Palmen noch lange erhalten. Nicht nur im Griechenland der Antike, sondern bis hin in die Neuzeit. In einem gärtnerischen Standardwerk der französischen Literatur, herausgegeben im Jahre 1883, wurde in diesem Sinne immer noch die Bezeichnung *Phoenix* für ganz andere Palmen verwendet (Zeichnung Seite 8).
Die älteren Assyrer wußten schon, daß und wie eine weibliche Dattelpalme *(Phoenix dactylifera)* bestäubt werden muß, um zu besonders hohen Ernten zu kommen. Auf dem Relief, das sich in der Ägyptologischen Abteilung des Britischen Museums befindet, sind zwei Priester mit Vogelköpfen dabei, diese Bestäubung vorzunehmen. Das künstlerisch hochwertige Werk beweist den beachtlichen Stellenwert der Dattelpalme, auch deshalb, weil die gesellschaftlich hochstehende Kaste der Priester diese Prozedur vornahm. Das Relief befand sich früher im Palast von Ashur-hassir-pal II. (883–859 v. Chr.) in Nimrod, Assyrien.
Die Semiten sollen Palmen in Babylon gefunden haben, und der Palmenhain von Eridu galt lange als Quelle für die christliche Legende vom Garten Eden. Wie nahe Christentum und Islam zusammenhängen, wird daran deutlich, daß auch die Mohammedaner von Dattelpalmen berichteten, von denen die schönsten in El Medinah, der Heimat Mohammeds, wachsen würden.
Zu den sinnenfrohen Festen der alten Griechen wurden mit Palmen-

---

Die *Howeia*-Palmen, auch Kentien genannt, gehören zu den beliebtesten Zimmerpalmen. Das war schon früher so.

Bestäubung einer Dattelpalme durch zwei Priester. Relief aus dem Palast des Ashur-hassirpal II. (883–859 v. Chr.).

wedeln nicht nur Sieger geehrt, sondern auch anderweitig bewegt. Statussymbol der Reichen waren die Blätter der *Phoenix*-Palmen. Sie galten auch als Symbol des Friedens.

Als Jesus an Palmarum (Sonntag vor Ostern) in Jerusalem einzog, wurden ihm zu Ehren Palmenzweige auf den Weg gestreut. Bis heute werden in der katholischen Kirche Palmwedel geweiht und in südlichen Ländern die Gotteshäuser mit Palmenzweigen geschmückt; auch beim jüdischen Laubhüttenfest werden Palmen auf ähnliche Weise verwendet.

Palmen gibt es in 2800 Arten

Will man alle Palmen dieser Welt kennenlernen, muß man viel reisen, um wenigstens einen Bruchteil der 210 Gattungen und 2800 Arten an ihren heimatlichen Standorten bewundern zu können.

Rund um das Mittelmeer, auf den Kanaren, selbst im Inneren der nordafrikanischen Länder, wohin organisierte Reisen den Touristen führen, findet man nur wenige Palmenarten, die meist nicht vom Reiseleiter identifiziert werden können. Das wäre auch zuviel verlangt. Den deutschen oder botanischen Namen herauszufinden gelingt vielleicht mit Hilfe eines auf Palmen spezialisierten Buches, das aber auch nur die wichtigsten Arten im Bild darstellen und beschreiben kann.

Palmen als Überlebenshilfe

Die mythologische Verehrung der Palmen im Altertum bis hin zum 20. Jahrhundert hat einen realen

Palmen in Geschichte und Kultur

Hintergrund. Die Menschen dieser Regionen waren in den genannten Zeitläufen auf die Früchte der meisten Palmen, vor allem der Kokos-, Öl- und Dattelpalmen und noch vieler anderer, angewiesen. Palmenfrüchte verhinderten jahrtausendelang Hungersnöte.

Die erste, sehr deutliche Darstellung der Dattelpalmen findet sich übrigens in Albrecht Dürers Bild von der Flucht nach Ägypten. Die Palmen übertrug Dürer von den Darstellungen seines Lehrmeisters Schongauer.

Im Vordergrund stand jedoch sicherlich die Kokosnuß, die sich durch Meeresströmungen an fast allen Tropenküsten verbreitete. Sie wächst an den Stränden, kann aber auch bis 150 km an Flußufern ins Landesinnere vordringen. In Afrika und Peru steigt sie sogar in größere Höhen auf.

Die Kokosnuß, der »Baum des Himmels«

Es ist wissenschaftlich erwiesen, daß Kokosnüsse bis zu 4500 km durch Strömungen vorangetrieben werden und daß in diesem auch langen Zeitraum die Nüsse keimfähig bleiben. Landet eine solcherart durch Wasser »präparierte« Nuß an einer sonnenbeschienenen Küste, fängt sie sofort an zu keimen. Zum Glück der Eingeborenen, weil vor allem die Kokusnuß ihnen Nahrung bietet und

Palmen sind, von wenigen Ausnahmen abgesehen, Küstenbewohner.

Palmen in Geschichte und Kultur

die gesamte Palme, wie viele andere Palmen auch, ihnen Holz zum Hausbau liefert, die Blätter zum Dachdecken, zur Anfertigung von Beinbekleidung, von Besen, Körben und Packmaterial dienen.

Kein Wunder, daß die Kokospalme den Ehrennamen »Baum des Himmels« und »Königin Kokospalme« erhielt.

Schließlich kann durch Anzapfen der Stämme Palmwein gewonnen werden, aus dem durch einfache Destillation Arrak wird. Doch das ist lange noch nicht alles. Kein Wunder, daß die Eingeborenen sagen, daß die Kokospalme so vielseitig genutzt wird, wie das Jahr Tage hat. Der deutsche Indienfahrer und Botaniker Georg Meister nannte die Palme den »nützlichsten Baum der Welt«. Neben einer heute noch gültigen Beschreibung vom Aussehen und Wachstum der Pflanzen schrieb Meister auch vom Einsatz der Elefanten auf der Jagd nach Kokosnüssen und von der Verwendung getrockneter Kokos-Blätter als Schreibpapier (siehe Palmen-Porträt »Kokosnuß«).

Heute begegnen uns die Früchte der Palmen, zum Beispiel der Kokospalmen, gewissermaßen auf dem Frühstückstisch, vorausgesetzt, daß man aus Kokosöl hergestellte Margarine der Butter vorzieht. Auch ein bekanntes Bratfett (Palmin) wird aus dem Kokosöl gewonnen.

Angespülte Kokosnuß.

Ölpalmen-Anbau in vielen Ländern

Von gleicher Bedeutung, heute wie gestern, ist die Ölpalme *(Elaeis guineensis)*, die im Gegensatz zur Kokospalme auch im Landesinneren gedeiht, und zwar ohne an den Boden Ansprüche zu stellen.

Sie wird wie die Kokospalme plantagenmäßig angebaut, vor allem entlang der westafrikanischen Küsten, aber auch in anderen afrikanischen Staaten und Südostasien. Die Früchte enthalten 2 Ölsorten, die aus dem Fruchtfleisch und aus den Samenkernen gewonnen werden. Das aus dem Öl entstehende Palmkernfett ist dem Kokosfett sehr ähnlich (siehe Kapitel »Anbau und Nutzung der Palmen«).

Von der Orangerie in die gute Stube

Botaniker, Pflanzensammler, Angestellte der großen britischen und holländischen Handelshäuser, Schiffskapitäne und Matrosen brachten, soweit bekannt, ab dem 17. Jahrhundert die ersten Palmen nach Europa. Sie wurden betreut in den Vorläufern der Gewächshäuser: den Orangerien der Fürsten- und Königshäuser Englands, Frankreichs, Hollands und Deutschlands. Die Erhaltung der Palmen war, von italienischen und spanischen Orangerien einmal abgesehen, vor allem ein Überwinterungsproblem. Da mußten sogar Kanonenöfen und Kachelöfen herhalten, um die empfindlichen Exoten heil über den Winter zu bringen.

Mit der Erfindung der Zentralheizung ging Anfang des 19. Jahrhunderts die Verwendung von neuartigen Eisenkonstruktionen einher. Damit war der Weg frei für großräumige Gebäude wie den Kristall-Palast in London (1851) und den Bau von regelmäßig geheizten und pflanzengerechten Gewächshäusern.
Der berühmte Architekt Sckell errichtete 1818 im Botanischen Garten München ein Gewächshaus, das schon viele Palmen und andere tropische Pflanzen enthielt. Überhaupt war die Bezeichnung Palmenhaus bald ein fester Begriff. Dafür sorgten Anlagen wie zum Beispiel das Palmenhaus in Berlins Botanischem Garten und auf der Pfaueninsel, in

Großes Palmenhaus in Berlin (1864).

Von der Orangerie in die gute Stube

den Kew Gardens vor den Toren Londons oder des berühmten Palmengartens in Frankfurt/Main. Im Laufe dieser Entwicklung entstanden Wintergärten, die sich allerdings nur der Hochadel oder das durch die Industrialisierung reich gewordene Bürgertum leisten konnte. Beispielhaft war die Anlage des Industriellen Borsig, dessen Wintergarten vor allem durch Seerosen der Art *Victoria amazonica* (syn. *V. regia*) bekannt wurde.

Alle diese Botanischen Gärten, Wintergärten, Palmen- und Gewächshäuser faßten die Vielzahl der Pflanzen kaum, die gegen Ende des 18. Jahrhunderts aus allen tropischen Regionen der Welt in den Norden kamen. Hunderte von Palmenarten sollen es gewesen sein, die zu dieser Zeit in den Warmhäusern wuchsen, mehr Gattungen und Arten als heute.

Gleichzeitig hielten Palmen ihren Einzug in die Wohnungen des gehobenen Bürgertums. Wer etwas auf sich hielt, stellte in die gute Stube mindestens eine Palme. Die Palmen hielten sich gut, da sie keine größeren Ansprüche an Licht und Wärme stellten. Gärtner, vor allem in den Großstädten, sorgten dafür, daß jeder »seine« Palme kaufen konnte. So war das Angebot um 1900 reichlich. Anschließend blieben Palmen Jahrzehnte in der Versenkung, um dann in der Skala der beliebtesten Zimmerpalmen wieder ganz nach vorn zu kommen.

In einem um die Jahrhundertwende erschienenen Garten- und Blumenbuch wurden unter dem Kapitel »Warmhauspflanzen« folgende Palmen genannt (Original-Schreibweise und -Nomenklatur):

Areca lutescens und *A. rubra* (Arekapalme)
Cocos Weddelliana (Zierkokospalme)
Chamaerops humilis und *Ch. excelsa* (auch Kalthauspflanze)
Kentia Belmoreana (Zwergpalme)
Livistona chinensis (Fächerpalme)
Phoenix reclinata, Ph. dactylifera und *Ph. silvestris* (Dattelpalme)
Rhapis flabelliformis (Fächerförmige Rhapispalme)

Zur Pflege schreibt der Autor: »Palmen lieben eine nicht zu hohe Temperatur, etwa 10–15 °C. Der Boden bestehe aus guter Lauberde und scharfem Sand, dem man etwas Lehm und Holzkohlenstücke beifügt. Sie dürfen nicht in jedem, aber alle 2–3 Jahre verpflanzt werden. Die obere Erdschicht ist zu entfernen und durch neue zu ersetzen, sobald sich Pilzbildungen oder Fäulniserscheinungen zeigen. Die Blätter wasche man häufig sorgfältig ab und bespritze sie 1–2mal im Tag mit dem Taufspender«.

Livistona humilis. Aus »L'illustration horticole«, Paris 1865.

Livistona humilis R. BR.
Nouvelle Hollande (Serre chaude.)

Zimmerbäume in der Wohnung

Mit unseren Zimmerpflanzen haben wir die ganze Welt zu Gast. Sie kommen aus sämtlichen Kontinenten, aus den Steppen und Wüstenrandgebieten Afrikas, Mittel- und Südamerikas, aus den feuchtwarmen Regenwäldern des Amazonas und Indonesiens – überhaupt aus allen tropischen und subtropischen Gebieten unserer Erde.

Fast alle haben sich nach wenigen Jahren schon akklimatisiert, wie der Gummibaum zum Beispiel, der in den Urwäldern des Malaiischen Archipels zu Hause ist. Und dieser Gummibaum hat reizvolle Verwandte wie die Birkenfeige, *Ficus benjamina,* die Geigenfeige, *F. lyrata,* und die »neuen Formen« des Stammvaters der Gummibäume, *F. elastica,* mit weiß- und gelbbunten oder gelbgrün gemaserten Blättern.

Aber es gibt noch mehr hochwachsende Zimmerbäume, die unsere Wohnung mit reizvollen grünen Akzenten versehen.

Tropisches Wachstum mitten im Zimmer

Sie alle wachsen zu imponierend großen Bäumchen heran, genauso wie die ebenfalls aus tropischen Regionen stammenden Vertreter der Gattung *Philodendron,* wie *Ph. erubescens, Ph. elegans, Ph. laciniatum* und andere. Dazu kommt noch die oft als *Philodendron* bezeichnete *Monstera deliciosa* mit den breiten durchlöcherten Blättern.

Wer im Zimmer unter Palmen wandeln will, halte sich an: Hanfpalme *(Trachycarpus fortunei),* Fächerpalme *(Washingtonia),* Kentiapalme *(Howeia* in Formen), an die gute alte Dattelpalme *(Phoenix canariensis)* und alle anderen, die ich in diesem Buch beschrieben habe.

Zu blattschönen »Zimmerbäumen« wachsen auch einige sehr zu empfehlende Drazänen heran, wie *Dracaena sanderiana, D. fragrans* in Formen, *D. deremensis* und *D. godseffiana.* Von besonders exotischem Reiz sind die Palmlilien *(Yucca)* mit ihren Blattschöpfen auf langen braunen Stämmen. Alle diese Tropenbewohner sind für die Fensterbank nur als kleine Exemplare geeignet. Sie erfüllen aber, vor allem ihres beachtlichen Wachstums wegen, Aufgaben als Raumteiler, als Mittelpunktspflanzen in der Wohnung. Sie sollten immer für sich allein stehen. Was auch für andere Exoten gilt, zum Beispiel für: *Abutilon, Grevillea, Cordyline* und andere interessante Gewächse.

Diese Pflanzen stehen zumeist in großen Töpfen, so daß es vor allem bei stammbildenden Gewächsen untenherum ein wenig kahl aussieht. Das braucht nicht zu sein, wenn man diese »Schönheitsfehler« mit kleineren in die Breite wachsenden oder leicht herabhängenden Blatt- und Blütenpflanzen zudeckt. Dazu eignen sich in erster Linie Pflanzen, die auch an sonnenabgewandten Plätzen gedeihen.

Birkenfeigen (links) und Palmen sind ideale Zimmerbäume.

Nachahmenswert: Blumeninseln

Eins steht fest: In »grünen« Wohnungen lebt man lieber. Das gilt für »Wohn-Ästheten«, die Form und Art des Pflanzenwachstums genau auf Farbe und Stil der Möbel abstimmen, und das gilt auch für »Dschungel-Fans«, die sich gern von vielen Blättern und Blüten »eingrünen« lassen.

Wir alle haben heute auch mehr Freude an Zimmerpflanzen, weil die Wohnungen heller und die Pflanzenauswahl größer geworden ist. Da können dann mitten in der Wohnung Pflanzeninseln entstehen mit meterhohen Yucca und Palmen, umgeben von niedrigeren Pflanzen wie Kletterefeu und buntblättrigen Bromelien. Dazu läßt man lianengleich von Regalen und aus Ampeln blühende, grüne oder blattbunte Rankpflanzen herabhängen oder an bemoosten Stäben emporklettern.

Vom Umgang mit Palmen

Palmenpflege allgemein

Die Haltbarkeit und damit die Pflege der im Zimmer und im Sommer auf der Terrasse gehaltenen Palmen ist abhängig von Gattung und Art, aber auch von der Herkunft. So gibt es Probleme bei Palmen, die aus den tropischen Zonen der Welt stammen, obwohl dafür keine starren Regeln existieren.

Immer mehr Palmen, die in den Tropen wachsen, haben sich angepaßt, vor allem dann, wenn sie in europäischen Gärtnereien aus Samen gezogen werden und von klein auf kurze Zeit Gewächshaus- und dann immer mehr Stubenluft schnuppern müssen.

Einige Palmenarten benötigen einen kühleren Winteraufenthalt und stehen von Mai bis September draußen im Freien. Ein Wintergarten, der nicht durchgeheizt wird, oder ein mäßig warm gehaltenes Gewächshaus, bei Temperaturen um +8 bis 10 °C, wären ideal. Die *Phoenix*-Palmen gehören dazu wie auch die Zwergpalme *(Chamaerops humilis)*, die Hanfpalme *(Trachycarpus fortunei)* und die Washingtonie, um nur die wichtigsten zu nennen. Die meisten wachsen aber genausogut ganzjährig im Zimmer, wobei *Phoenix* sich wegen des steifen Wuchses ihrer Blätter nur für größere Räume oder Gewächshäuser eignen. Natürlich gibt es auch Übergänge von kühle Winterquartiere bevorzugenden Palmen zu solchen, die auch von Oktober bis März in warmen Stuben leben. Sie braucht dann nur mehr Wasser. Genaue Hinweise stehen in den einzelnen Palmen-Porträts.

Sonne, Licht und Wärme

Phoenix und die anderen Palmen, die im Sommer nach draußen dürfen, vertragen meist keine sengenden Sonnenstrahlen. Vorsichtiges Eingewöhnen ist nötig. Sie kommen am besten zuerst an einen Schattenplatz. Prallsonne ist sowieso unerwünscht, denn dann gibt es braune Flecken auf den Blättern. Das Erscheinen von gelb-braunen Blattspitzen stellt dagegen einen natürlichen Vorgang dar, wenn hohe Zimmertemperaturen herrschen. Diese können nur kompensiert werden, wenn Licht (nicht Sonne) und reichlich Wasser vorhanden sind (Ausgewogenheit der Lebenselixiere). Einfacher und natürlicher wäre es, die Palmen an einer nicht zu »hitzigen« Stelle, wenigstens in gebührender Entfernung vom nächsten Heizkörper aufzustellen. Zu gießen ist, wie es so hübsch unpräzise heißt, regelmäßig.

Generell läßt sich sagen, daß Palmen, je größer sie werden, um so mehr Feuchtigkeit benötigen, was vor allem für die draußen stehenden gilt, weil hier die Austrocknungsfaktoren Wind und Sonne hinzukommen (siehe Kapitel »Die unterschiedlichen Wasserwünsche« auf der Seite 20).

Vom Umgang mit Palmen

Umtopfen und Pflanzgefäße
Palmen reagieren auf zu kleine Pflanzgefäße vor allem derart, daß sich der immer größer gewordene Wurzelballen aus dem Topf oder Kübel heraushebt. Da wird es höchste Zeit, in einen neuen Behälter umzutopfen, der am Topfrand zwei Daumen breiter ist als der alte. Am besten eignen sich Gefäße, die höher als breit sind. Für kleinere, junge Palmen sind vor allem »Palmentöpfe« geeignet, die (mit und ohne Inhalt) in Gartencentern und anderen Fachgeschäften angeboten werden.

Große Töpfe aus Ton oder Keramik sehen zwar wunderschön aus, gehen aber durch die Kraft der Wurzeln oder durch Transport manchmal zu Bruch. Ich empfehle sogenannte Container, also schwarze

Mit einer *Phoenix*-Palme beginnt meist die erste Palmenliebe.

Vom Umgang mit Palmen

Kunststoffbehälter, die durch ihre dünnen Wandungen viel Wurzelraum bieten und nicht zerbrechen. Die Erde in diesen Gefäßen trocknet allerdings schneller aus als in Tontöpfen. Wem das Material und die Farbe nicht gefällt, der stelle diese Container in einen Übertopf, und der kann dann zum Beispiel aus toskanischer Keramik sein. Pflanzen in Containern sind auch leichter zu transportieren – zum Beispiel zum Duschen in die Badewanne.

Vor dem Einsetzen in das neue Gefäß wird der Boden zwecks Dränage etwa 10 cm hoch mit Topfscherben oder Kies bedeckt und ein allzu starker Wurzelballen mit der Hand verkleinert. Das wird vor allem bei *Phoenix* nötig sein. Nach dem Einfüllen der Erde – Einheitserde oder Torfkultursubstrat sind gleich gut geeignet – muß das neue Substrat zwischen Wand und Wurzelballen fest angedrückt werden, so daß ein ausreichender Gießrand verbleibt. Da sich jüngere Pflanzen meist in einem recht kleinen Topf befinden, empfiehlt sich ein Umtopfen bereits nach 1 Jahr, spätestens jedoch nach 3 Jahren; ältere Pflanzen brauchen nur alle 3–5 Jahre einen neuen Topf. Dabei spielt das durch Dünger, Standort, Wasserversorgung beeinflußte Wachstum natürlich auch eine Rolle. In diesem Zusammenhang sollte auf die Vorteile der Hydrokultur hingewiesen werden (siehe Kapitel »Palmen und andere Zimmerbäume in Hydrokultur«).

Für Terrassen und Vorgärten eignen sich mehrere Palmen.

Palmen, die gut im Zimmer wachsen und dort das ganze Jahr bleiben

Bergpalme, *Chamaedorea elegans*
Zwergdattelpalme, *Phoenix roebelenii*
Goldfruchtpalme, Akreapalme, *Chrysalidocarpus lutescens*
Kokospalme, *Cocos nucifera* (bleibt uns nur 1 Jahr, höchstens 2 Jahre erhalten)
Kentiapalme, *Howeia*
Kokospälmchen, *Microcoelum weddelianum*

Palmen fürs Zimmer mit Freilandaufenthalt von Mai bis Oktober

Zwergpalme, *Chamaerops humilis*
Kanarische Dattelpalme, *Phoenix canariensis*
Echte Dattelpalme, *Phoenix dactylifera*
Rutenpalme, *Rhapis excelsa*
Zwergrutenpalme, *Rhapis humilis*
Nikanpalme, *Rhopalostylis*
Hanfpalme, *Trachycarpus fortunei*

Seltenere Palmen, die auch gut im Zimmer wachsen und dort ganzjährig bleiben müssen

Archontophoenixpalme, *Archontophoenix*
Fischschwanzpalme, Brennpalme, *Caryota*
Kohlpalme, *Euterpe edulis*
Livistonie, *Livistona*
Neodypispalme, *Neodypsis*

Seltenere Palmen, die im Gewächshaus oder im Zimmer bei hohen Temperaturen gedeihen

Betelnußpalme, *Areca*
Rotangpalme, *Calamus ciliaris*
Rotstielpalme, *Cyrtostachys renda*
Strahlenpalme, *Licuala*
Seychellennußpalme, *Lodoicea*

Palmen, die man in den Palmenhäusern Botanischer Gärten oder am natürlichen Standort bewundern kann

Romanzoffsche Dattelpalme, *Arecastrum romanzoffianum,* Südamerika*
Geleepalme, *Butia capitata,* Südamerika
Sabalpalme, *Sabal,* Mittelamerika
Faßpalme, *Colpothrinax wrightii,* Kuba und Mittelamerika*
Wachspalme, *Copernica,* Kuba, Südamerika
Erytheapalme, *Erythea,* Südkalifornien bis Honduras
Honigpalme, *Jubaea,* Chile
Flaschenpalme, *Hyophorbe amaricaulis,* Maskarenen-Inseln
Pritchardiapalme, *Pritchardia,* Südseeinseln
Königspalme, *Roystonea regia,* Westindische Inseln
Karibische Königspalme, *Roystonea oleracea,* Westindische Inseln

* Hauptverbreitungsgebiete

Vom Umgang mit Palmen

Die unterschiedlichen Wasserwünsche

Wasser ist für das Gedeihen der Pflanzen ebenso wichtig wie Licht, Luft, Wärme und Nährstoffe. Es dient dazu, die in der Erde gelösten Nährstoffe in die Blätter zu transportieren, ermöglicht, daß krautige Pflanzen sich aufrecht halten, und verschafft ihnen durch Verdunstung Kühlung. Rezepte, wieviel Wasser Pflanzen haben müssen, sind nur schwer zu geben, da der Wasserbedarf abhängig ist von Wärme, Luftfeuchtigkeit, Licht und den speziellen Wünschen der Pflanzen.

Nicht zuviel gießen

Häufig wird zuviel gegossen. Eine Pflanze, die zu wenig Wasser bekommt, erholt sich nach gründlichen Wassergaben meist schnell. Übermäßiges Gießen wird aber oft erst dann erkannt, wenn die Wurzeln bereits faulen und die Blätter absterben. Achten Sie deswegen darauf, daß Ihre Topfpflanzen keiner Staunässe ausgesetzt sind. In Übertöpfen und Untersetzern darf kein Wasser stehenbleiben, das den Pflanzenwurzeln die Luft zum Atmen nimmt. Ausnahmen gibt es jedoch eine ganze Menge: Goldfruchtpalme (Chrysalidocarpus lutescens), Calamus ciliaris, Euterpe edulis, Strahlenpalme (Licuala grandis), Kokospälmchen (Microcoelum weddelianum), Neodypites und aus einer anderen Pflanzengattung das Zypergras (Cyperus). Sie alle brauchen mehr Wasser als üblich. Die meisten Pflanzen fühlen sich allerdings am wohlsten, wenn man sie einmal ordentlich gießt und dann den Erdballen erst wieder abtrocknen läßt, bevor man erneut gießt. Es ist besser, morgens zu gießen als abends, da Feuchtigkeit auf Pflanzenteilen in der Nacht Krank-

Das Kokospälmchen bleibt klein.

Vom Umgang mit Palmen

heitsbefall fördern kann. Problematisch ist vielerorts der hohe Kalkgehalt im Leitungswasser. Eine Wasserenthärtung mit entsprechenden, im Gartenfachgeschäft erhältlichen Mitteln ist bei Farnen, Palmen und einigen anderen Zimmerpflanzen zu empfehlen.

Pflanzen mit Sonderwünschen
Vielen Zimmerpflanzen kann man ihre Heimat mit deren ganz bestimmten Feuchtigkeitsbedingungen schon ansehen. So stammen großblättrige Arten mit weichen Blättern aus feuchten Regenwäldern; Kakteen dagegen sind schon äußerlich als Wüstenpflanzen zu erkennen, denen nur wenig Wasser zur Verfügung steht. Spezialisten in der Wasserversorgung sind zum Beispiel Bromelien, die in ihrer Heimat als Baumaufsitzer (Epiphyten) oder im Humus am Boden leben. Bei Trichterbromelien (zum Beispiel *Aechmea, Ananas, Guzmania, Vriesea*) ist es notwendig, daß der Trichter in der Mitte der Pflanze ständig mit Wasser gefüllt ist. Er ist wichtiger für die Versorgung der Pflanze als die Wurzeln, die in erster Linie der Verankerung dienen.
Wenn wir die Heimatbedingungen unserer Zimmerpflanzen nachahmen, haben wir ein sicheres Rezept für eine erfolgreiche Pflege. Die meisten Zimmerpflanzen, die bei uns zu Hause wachsen und blühen, zählen zu den Normalverbrauchern, auch fast alle Palmen.

Licht und Pflanzenwachstum

Wie groß die Bedeutung des Lichts für das Pflanzenwachstum und wie unterschiedlich das Lichtbedürfnis der Zimmerpflanzen ist, braucht nicht erst statistisch oder tabellarisch belegt zu werden. Jeder Zimmergärtner weiß, daß sich mancher seiner Lieblinge förmlich dem Licht entgegenreckt, daß buntblättrige Arten in dunklen Ecken nach und nach ihre Farbe verlieren und daß mancher »Blattfall« oder eine Verfärbung auf Lichtmangel zurückgeführt werden muß. Solche Pflanzen sind auch eher Opfer von Krankheiten und Schädlingen.
Nun sind »hell« und »dunkel« ziemlich relative Begriffe, die jeder »nach Gefühl« anders zu deuten weiß. Hinzu kommen die unterschiedlichen Lichtverhältnisse in den Zimmern, bedingt durch verschiedene Fenstergrößen und den von der Lage des Hauses abhängigen Licht- und Sonneneinfall.
Fürs erste erscheint es unmöglich, feste Regeln für das Verhältnis Pflanze zu Licht aufzustellen. Ganz so schwierig ist es aber nicht, denn wir kennen die Lebensgewohnheiten unserer grünen Freunde ziemlich genau. Und wenn man vom Standpunkt »Ohne Licht kein Leben« ausgeht, so heißt das für die Blumenpflege: kein befriedigendes Wachsen und Blühen ohne ausreichendes Licht.

Vom Umgang mit Palmen

Pflanzen nahe ans Licht
Wer eine immerwährende Freude an seinen grünen Mitbewohnern haben will, der tut gut daran, sie vom Lebenselixier Licht nicht allzu fern zu halten. Die weiteste Entfernung für weniger Lichtbedürftige sollte 3 m vom Fenster sein. Für alle Pflanzen müßte es heißen: je heller, desto besser! Erstaunlich und beruhigend wirkt aber die Beobachtung, daß der überwiegend größte Teil unserer Blattpflanzen schattenverträglich, ja sogar schattenliebend ist. Sie mögen die Sonne nicht.

Nord- und Südfenster
Die Sonne spielt im Zimmerpflanzenleben überhaupt nur eine durch Stores und Vorhänge »gedämpfte« Rolle. Für das Südfenster mit seinem starken Licht-, aber auch Sonneneinfall finden sich nur wenige Pflanzen; es sei denn, man stellt sie weit genug vom Fenster auf oder schützt sie durch Vorhänge vor den sengenden Sonnenstrahlen.
Das vielgeschmähte Nordfenster mit den Variationen Nordost und Nordwest dagegen kann mit einer größeren Auswahl an Pflanzen bestückt und geschmückt werden. Hausbesitzer mit Fenstern, die nach Osten, Westen oder Südwesten liegen, sind noch viel besser dran; hier nämlich fühlt sich fast das ganze große Heer der Zimmerpflanzen pudelwohl.
Wer es ganz genau wissen will, der besorge sich einen Lichtmesser (Luxmeter), mit dem man ganz genau messen kann, wie hell und dunkel jede Pflanze steht. Die blühenden Zimmerpflanzen wollen natürlich sämtlich etwas heller stehen als die Blattpflanzen, weil sie zur Ausbildung von Knospen und Blüten das Licht dringend benötigen. Stehen sie dunkel, dann bleiben die Knospen stecken oder entwickeln sich nur spärlich und nicht zufriedenstellend, und hat sich trotz allem eine Blüte entwickelt, dann vermissen wir die Leuchtkraft ihrer Farben.

Zusatzbeleuchtung
So ist jedes Pflanzenwachstum ans Licht gebunden. Zu wenig Licht, das heißt zu geringe Beleuchtungsstärke, ergibt unnatürliches Wachstum. Die Blattfläche bleibt klein, dadurch ergibt sich eine Verringerung und gar Unterdrückung der Blattgrünbildung und Streckung der Sprosse. Wir müssen also, wenn es gar nicht anders geht, den Pflanzen zusätzliches Licht bieten, um optimale Verhältnisse für sie zu schaffen.
Für den Menschen und die Pflanzen hat das Licht unterschiedliche Bedeutung. Zuviel rote und infrarote Lichtanteile beschleunigen das Längenwachstum, weshalb Glühlampenlicht (hoher Rotanteil) die Ge-

Palmen auf einen Blick: im Vordergrund eine *Howeia-*, rechts eine *Phoenix*-Palme.

Vom Umgang mit Palmen

wächse lang und spillerig werden läßt. Ein Übergewicht an blau-violetter Strahlung verzögert das Längenwachstum mehr, als uns lieb ist. Dagegen reicht das Tageslichtspektrum kontinuierlich vom ultravioletten über den sichtbaren Bereich bis hin zum Infrarot.

Am besten fertige Beleuchtungssets

Wollen wir in dunkleren Zimmerecken zufriedenstellendes Pflanzenwachstum ermöglichen, müssen wir solche künstlichen Lichtquellen einsetzen, die in der Zusammensetzung der Strahlung dem Tageslichteffekt am nächsten kommen. Mittlerweile gibt es überall fertige Beleuchtungssets, die wir nur aufzuhängen brauchen. Dabei ist daran zu denken, daß die Beleuchtungsstärke abnimmt, je größer die Entfernung Lampe : beleuchtete Fläche ist; andererseits wollen sich Pflanzen nicht im gleißenden Licht zeigen.

Abgesehen von besonderen Gegebenheiten, zum Beispiel Blumenfenster und größere Pflanzenansammlungen, wo sich Lamellen-Rasterleuchten recht gut eignen, werden wir in der Regel keine Flächenwirkung, sondern punktuelle Beleuchtung (Punktlicht) einsetzen, was mit Beleuchtungssets namhafter Firmen gut möglich ist. Diese speziellen und in zahlreichen Versuchen geprüften Pflanzenleuchten sind im Fachhandel erhältlich.

Der Lichtbedarf der meisten Zierpflanzen liegt zwischen 500 und 3000 Lux. Spezielle Angaben stehen in den Pflanzenporträts. Bei Verwendung der Beleuchtungssets kann an sich nichts schiefgehen, wenn man die Aufhängehöhe beachtet. Gewächse aus dem tropischen Bereich sollten nicht länger als 12 Stunden (Tages- und Kunstlicht), Pflanzen aus unseren geographischen Gebieten etwa 12 bis 16 Stunden zusätzlich belichtet werden.

Palmen und andere Zimmerbäume in Hydrokultur

Sie stehen mit ihren Wurzeln in einem Topf, der mit federleichten Kügelchen aus Ton gefüllt ist, und nicht, wie gewohnt, in ihrem üblichen, ureigenen Wachstumselement, der Erde. Es erscheint wie eine Vision aus einem Zukunftsroman: Pflanzen wachsen ohne Erde. Dabei steht hinter dieser scheinbaren Utopie die Realität wissenschaftlicher Erkenntnisse. Die Grundlage dieser Erkenntnis ist uns allen bekannt und gar nicht überraschend: Pflanzen leben nicht etwa von der Erde, sondern von den darin gelösten Nährstoffen, die ihre Wurzeln zusammen mit dem Wasser aufnehmen.

Hydrokultur ist also kein Humbug oder »neumodischer Kram«, sondern eine sehr praktische Art, Blatt-

und Blütenpflanzen problem- und fehlerlos im Zimmer zu halten. Blumenfreundinnen und Zimmergärtner, die sich bereits mit der Hydrokultur beschäftigen, sprechen von erheblichen Vorteilen, zu denen in erster Linie Bequemlichkeit und Sauberkeit gehören.

Das Prinzip der Hydrokultur
Das Prinzip ist einfach. Die Hydrokultur-Pflanze steht in einem Kulturtopf, der mit Lecaton, einem hygienischen und geruchlosen Blähton, ausgefüllt ist. Dieses poröse Tongranulat gibt den Wurzeln Halt und bietet den Pflanzen durch eine optimale Regulierung des Luft- und Wasserhaushalts beste Wachstumsmöglichkeiten. Tägliches Gießen ist nicht mehr notwendig. Und selbst bei Absinken des Wasserstandes auf den Null-Punkt ist die Wasserbevorratung noch gut durch die hohe Speicherfähigkeit des Lecaton.
Über den Wasserstandsanzeiger, der im Gefäß angebracht ist, wird man stets über die vorhandene Wassermenge informiert. Ist die Markierung »Minimum« erreicht, muß so viel Wasser nachgefüllt werden, bis der Anzeiger auf »Optimum«, gegebenenfalls auch auf »Maximum« zeigt.
Alle Nährstoffe, die die Pflanze zum gesunden Wachstum benötigt, erhält sie über Ionenaustauscher mit Langzeitwirkung (Nährstoffbatterie HD 5). Die Pflanze bedient sich je

Pflanzen in Hydrokultur, sehr zu empfehlen.

nach Bedarf aus dieser 4–6 Monate Nährstoffe liefernden Batterie. Eine Überdosierung ist nicht möglich.

Versorgung mit Wasser und Dünger
Hydrogefäße haben also einen Wasserstandsanzeiger mit genauer Markierung. Das Leitungswasser wird von oben durch den Blähton einge-

25

Palmen entfalten in Hydrokultur ihre ganze Wachstumskraft.

füllt, bis die Optimal-Markierung erreicht ist. Um den guten Lufthaushalt der Pflanzen nicht zu gefährden, ist es wichtig, die Lösung nicht höher aufzufüllen. Nur für Standorte, wo mehr Wasser verdunstet, beispielsweise bei durchgehend hohen Temperaturen oder bei großblättrigen Pflanzen oder in der Urlaubszeit, gilt die Maximum-Markierung. Außerdem gibt es immer erst frisches Wasser, wenn die Nährlösung bis zur Minimum-Marke verbraucht ist.

Hydrokulturen sind beim Kauf für 4–6 Monate mit Spezial-Nährstoffen mit Langzeitwirkung versorgt. Erneuern Sie die Nährstoffe bei Kleingefäßen, indem Sie einfach eine neue Batterie oder einen Nährstoff-

Vom Umgang mit Palmen

beutel in den vorgesehenen Platz unter dem Boden des Kulturtopfes geben. Bei Großgefäßen ist der Einsatz von Batterien und Nährstoffbeuteln nicht möglich. Hier wird der Hydrokultur-Spezial-Nährstoff vor dem Bepflanzen lose in das Kulturgefäß gegeben, zum Nachdüngen frischer Spezial-Nährstoff lose auf den Blähton gestreut und eingegossen.

Bei der Verwendung von Flüssig-Nährstoffen schütte man diese in das Wasser, mit dem nachgefüllt wird, und zwar dann, wenn die Minimum-Markierung erreicht ist. Das genügt bei jedem zweiten oder dritten Nachfüllen.

Pflanzenschutz
Sollten sich einmal tierische Schädlinge einstellen, verwendet man zu ihrer Vernichtung Pflanzenschutz-Spray. Für die Bekämpfung von saugenden Insekten, also hauptsächlich Blattläusen, gibt es auch ein systemisches Insektizid, dessen Wirkstoff die Pflanze aufnimmt und in alle ihre Teile leitet. Die Schädlinge saugen ihn mit dem Pflanzensaft auf und gehen ein. Dieses Mittel wird nicht gespritzt, sondern dem Wasser zugesetzt. Im übrigen sind die Gebrauchsanweisungen zu beachten.

Großes Angebot an Hydropflanzen
Die Palette der in Spezialgärtnereien herangezogenen Hydropflanzen ist so groß und bunt, daß sich Grünes und Blühendes für jeden Geschmack finden läßt. Vor allem Blattgewächsen bekommt die Hydrokultur gut – auch solchen, die es bisher nie schafften, auf Tisch und Fensterbank zur Zufriedenheit zu gedeihen. Sie sind in Spezialbetrieben natürlich auch alle ausgezeichnet vorbereitet für ein freudiges Wachstum in den formschönen, farbigen Hydrogefäßen.

Individuelle Wünsche und Pflegeregeln
Trotzdem sollte man die individuellen Wünsche einiger Pflanzen beachten. Denn auch Hydropflanzen brauchen je nach Art und Sorte unterschiedliche Temperatur- und Lichtverhältnisse. Es genügt, wenn 5 einfache Regeln beachtet werden, die auch für Pflanzen, die in Erde wachsen, ihre Gültigkeit haben.
1. Licht Das ist ein Faktor, der nicht von allen Pflanzen gleich stark beansprucht wird. Wir unterscheiden Standorte mit starker Sonneneinstrahlung und trockener Luft, Standorte mit guten Lichtverhältnissen (etwa 1000–1800 Lux) und durchschnittlicher Luftfeuchtigkeit sowie lichtärmere Standorte mit nur 500–800 Lux und durchschnittlicher Luftfeuchtigkeit. Bei noch geringerem Lichteinfall kann ein Pflanzenstandort durch Zusatzbeleuchtung ausreichend belichtet werden.
2. Luft Sie benötigen alle Pflanzen zum Atmen wie Menschen und Tiere. Zusätzlich aber brauchen

Howeia-Palmen, die auch Kentien heißen, wachsen gut in Hydrokultur, weil sie hier alle Wünsche erfüllt bekommen.

Pflanzen das Kohlendioxid der Luft als wichtigen Nährstoff. Bei der Aufnahme des Kohlendioxids erzeugen Pflanzen den für uns lebenswichtigen Sauerstoff, und zwar in viel größerer Menge, als sie selber bei der Atmung wieder verbrauchen. Die Wurzelbelüftung ist in der Hydrokultur durch die Verwendung des Blähtons sichergestellt.

3. Wärme   Sie ist in den meisten Fällen an den Pflanzenstandorten ausreichend vorhanden. Es ist wichtig zu wissen, daß die meisten Zimmerpflanzen einen Wärmebedarf wie der Mensch (zwischen 16 und 24 °C) haben. Vorübergehend etwas höhere Temperaturen durch Sonneneinstrahlung verkraften die Pflanzen in Hydrokultur fast problemlos. Niedrigere Temperaturen dagegen sind möglichst zu vermeiden, da eine Unterkühlung der Pflanzen und der Nährlösung zu Wurzelschäden – bei empfindlichen Pflanzen – führt, die das Leben der Pflanzen in Gefahr bringen.

4. Wasser   Das steht den Pflanzen in der Hydrokultur stets ausreichend zur Verfügung, vorausgesetzt, Sie füllen entsprechend der Wasserstandsanzeige nach. Die Kapillarität ist so gut, daß bei Verwendung von Blähton in normalen Hydrokulturgefäßen keinerlei Schwierigkeiten bei der Versorgung der Pflanzen mit Wasser entstehen. Durch die Wasserhaltekraft des Blähtons ist auch bei gesunkenem Wasserstand die Versorgung der Pflanzenwurzeln mit Nährlösung noch so gut, daß erst dann nachge-

Vom Umgang mit Palmen

gossen zu werden braucht, wenn der Wasserstandsanzeiger nicht mehr anzeigt.

5. Nährstoffe Sie werden mit 4 bis 6 Monaten Langzeitwirkung lose mit dem Wasser aufgefüllt oder in Nährstoffbatterien bzw. Nährstoffbeuteln zugegeben. Die Pflanze versorgt sich aus der Nährlösung selbst. Wer sich mit der Hydrokultur beschäftigen will, sollte wissen, daß alles, was dazugehört, komplett angeboten wird: Gefäße, Blähton, Dünger, Kulturtöpfe, Wasserstandsanzeiger und – natürlich – schöne, gesunde Pflanzen.

Pflanzen-Vermehrung durch Samen

Das Saatgut

Das Samenkorn ist Teil einer Pflanze im Ruhezustand. In diesem kann es Frost, Hitze, Kälte und Trockenheit bis zu einem bestimmten Grad ohne Schaden überstehen. Erst Wärme und Feuchtigkeit bringen das Samenkorn zum Quellen und damit zur Keimung. Quell- und Keimfähigkeit der Samen bleiben in der Regel 2–3 Jahre erhalten, die Palmen einmal ausgenommen (siehe »Spezielles über die Vermehrung von Palmen«). Die Lagerung der Samen sollte daher trocken, kühl und luftig erfolgen. Zieht der Samen vorzeitig Feuchtigkeit an, wird er schimmelig und stockig.

Das Saatgut muß bestimmten Mindestanforderungen genügen. Sie werden durch das Saatgut-Verkehrsgesetz festgelegt. Die inneren Qualitäten guter Sämereien sind erst durch genaue Untersuchungen festzustellen. Es sind dies: Keimfähigkeit, Keimkraft, Gebrauchswert, Sortenechtheit und das Tausendkorn-Gewicht. Die Sortenechtheit wird durch die Züchterfirmen garantiert. Die Mindestreinheit schwankt zwischen 90 und 98%. Es dürfen also nicht mehr als 2–10% fremde Bestandteile im Saatgut enthalten sein.

Bevor das Saatgut in den Handel gelangt, wird es laut Gesetz von Spezial-Instituten auf seine Keimfähigkeit hin überprüft. Nur keimfähiges Saatgut darf zur Auslieferung gelangen. Die Keimfähigkeit ist für die verschiedenen Pflanzenarten (vor allem bei Palmen) sehr unterschiedlich und schwankt zwischen 30 und 90%.

Der Gebrauchswert eines Saatgutes läßt sich aus Reinheit und Keimfähigkeit errechnen. Man multipliziert die beiden Zahlenwerte und teilt durch 100. Beispiel: Reinheit 90%, Keimfähigkeit 60% = Gebrauchswert 54%.

Nach dem Gebrauchswert richtet sich die Aussaatdichte. Die Keimkraft (Keimenergie) wird ebenfalls durch die Keimprobe ermittelt. Dabei wird derjenige Samen an erster Stelle stehen, der in der gleichen Zeit schneller, also mit einer großen Anzahl Körnern keimt. Die Keimzeit

Vom Umgang mit Palmen

ist arteigen und sehr unterschiedlich. Petersilie, Alpenveilchen, exotische Pflanzen wie Palmen, Bananen und Drazänen benötigen erheblich mehr Zeit. Hier muß man oft 4 bis 5 Wochen, oftmals auch Monate warten, bis die Samen keimen. Die Keimdauer der einzelnen Palmenarten ist jeweils am Ende der einzelnen Palmenporträts angegeben.

Die Keimung des Samens ist vor allem von der gegebenen Wärme und der Feuchtigkeit abhängig.

Die Keimtemperatur der Samen von exotischen Palmen und anderen Zimmerbäumen liegt bei 20–25 °C. Ein Zimmergewächshaus mit Bodenheizung ist hier sehr zu empfehlen (siehe Kapitel »Bodenheizung«). Zum Einweichen der Samenschale und zum Quellen des Nährgewebes benötigen die Samen Feuchtigkeit. Hat nach der Aussaat die Quellung eingesetzt, darf die Aussaatschale während der Keimzeit kein einziges Mal austrocknen, weil die Samenkörner sonst sofort schrumpfen und absterben. Ein nachträgliches Wiederbefeuchten ist zwecklos, da die Samen bereits tot sind. Hieraus wird ersichtlich, wie empfindlich Pflanzen sind und schon vom Samenkorn her individuell behandelt werden wollen.

Sämling einer Dattelpalme.

Die Aussaat

Nach der Aussaat werden die Samen in doppelter Samenkornstärke mit Erde bedeckt. Mit Erde abgedeckte Samen müssen anschließend mit einem Brettchen leicht angedrückt werden, sonst erscheinen die Samen nach dem Angießen wieder auf der Substratoberfläche. Das Angießen muß gründlich erfolgen, stauende Nässe ist jedoch zu vermeiden. Danach werden die Aussaaten je nach Pflanzenart hell oder dunkel, aber wohltemperiert aufgestellt.

Das Pikieren

Nach dem Auflaufen der Sämlinge wachsen die Pflanzen je nach Art mehr oder weniger schnell heran. Sie machen sich bald den Platz streitig, beengen sich gegenseitig und schieben sich in die Höhe, um

Palmen im Kobay-Anzuchtsystem.

das zum Wachstum notwendige Licht zu erhalten. Der Zeitpunkt ist erreicht, an dem die Pflanzen vereinzelt (pikiert) werden müssen. Zu diesem Zweck sind sie aus dem Saatbeet herauszuheben, um an anderer Stelle wieder eingepflanzt zu werden.

Das Herausheben aus dem Saatbeet kann noch so vorsichtig erfolgen, man wird immer die Haarwurzeln abreißen. Nur mit diesen kann aber die Pflanze Wasser und Nährstoffe aufnehmen. An ihrem neuen Standort müssen die Pflanzen deshalb erst wieder neue Haarwurzeln bilden, um weiterwachsen zu können. In der Regel benötigen sie 1 bis 2 Wochen, bis sie sich von diesem »Umpflanzschock« erholt haben.

Durch das Abreißen der Hauptwurzel und der Seitenwurzeln wird die Pflanze angeregt, von innen heraus neue Seitenwurzeln zu bilden. Da braucht man nicht zimperlich zu sein.

Das ist der Zweck des Pikierens:
1. Pflanzenabstand erweitern, damit der oberirdische Pflanzenteil für den Sproßaufbau mehr Platz erhält. Sichtbar wird dies durch gedrungenen, kräftigen Pflanzenaufbau.
2. Erreichen eines stark verzweigten Wurzelsystems. Je mehr Haarwurzeln die Pflanze hat, desto mehr Wasser und Nährstoffe können die Wurzeln aufnehmen und desto besser wächst die Pflanze.

Vom Umgang mit Palmen

Generell sollte so früh wie möglich pikiert werden. Kleine Pflänzchen überstehen den Umpflanzschock besser als ältere, große Sämlinge. Sobald die Pflänzchen mit Daumen und Zeigefinger greifbar sind, ist zu pikieren. Von Bergpalmen *(Chamaedorea elegans)* und *Washingtonia filifera* sollte man 3 Pflanzen in einen Topf setzen. Sie bilden dann schneller einen hübschen Busch.

Als Substrat ist immer eine leichte Erde zu verwenden. In Gartenfachgeschäften gibt es sogenannte Aussaaterden, die auch als Topfinhalt der pikierten Pflanzen verwendet werden sollte. Der Erfolg: dieses nährstoffarme Substrat regt die Wurzeln an, sich stärker zu verzweigen, die Pflanze muß viele Wurzeln bilden, um das notwendige Wasser und die darin gelösten Nährstoffe für das Wachstum zu finden, und dadurch wird ein guter Wurzelballen gebildet. Torfkultursubstrate, die es auch in Kleinpackungen gibt, sind zu empfehlen.

Will man den Umpflanzschock ausschalten, sät man am besten gleich in Torftöpfe und pikiert in Torfquell- oder Plastiktöpfe.

Die Pflanzen kommen beim Pikieren gewöhnlich bis an die Keimblätter in die Erde. Nach jedem Pikieren sind die Pflanzen gut anzugießen und vor Sonne und Zugluft zu schützen, damit sie nicht welken und gut vorankommen. Dabei darf das Bodenthermometer auf keinen Fall weniger als +20 °C anzeigen.

Kokospalme wächst aus der Frucht.

Spezielles über die Vermehrung von Palmen

Vermehrung durch Aussaat

Entscheidend über Erfolg oder Mißerfolg der Aussaat ist, neben den im vorigen Kapitel geschilderten und allgemeinen Anzuchtmaßnahmen, vor allem die Frische des Samens. Ältere, meist trockene Samen keimen nicht. Auch das Vorquellen der Samen (48 Stunden und länger in 30 °C heißes Wasser legen) nützt dann überhaupt nichts. Diese Methode empfiehlt sich nur bei frischem Saatgut, da die Samenhülle Stoffe enthält, die die Keimung und Weiterkultur negativ beeinflussen. Wer aber gibt einem die Garantie

Vom Umgang mit Palmen

Die Blätter werden immer mehr.

Die Wedel sind schon geschlitzt.

Kokospalme im »reifen« Alter.

für reifefrischen Samen? Eigentlich niemand. Da bleibt nur der lapidare Schluß: den Palmensamen in einem gut florierenden Gartenfachgeschäft, wo der Samen nicht allzu lange liegenbleibt, zu kaufen. Außerdem gibt es hier meist Saatgut aus besten Herkünften. Schließlich werden die Samen in Fachgeschäften nicht so sehr hohen Temperaturen, die zum Vertrocknen führen, ausgesetzt, wie das zum Beispiel in Kaufhäusern der Fall ist.

Ein bißchen Nachsicht beim Keimerfolg ist aber angebracht, denn mehr als ein halbes Dutzend Palmen können wir meistens nicht im Zimmer unterbringen; und außerdem, wo kommen wir sonst an den

Vom Umgang mit Palmen

Samen exotischer Palmen heran. Von den nachstehend aufgeführten Gattungen und Arten sind Samen erhältlich, sowohl in Mischungen als auch gesondert abgepackt:
Bergpalme *(Chamaedorea elegans)*, Zwergpalme *(Chamaerops humilis)*, Kokospalme *(Cocos australis)*, Dattelpalmen *(Phoenix acaulis, P. canariensis, P. dactylifera, P. reclinata, P. roebelenii)*, Hanfpalme *(Trachycarpus fortunei)*, Washingtonien *(Washingtonia filifera, W. robusta)*. Es kommen immer mehr hinzu.

Durchschnittliche Keimdauer: 2–3 Monate
Nach dem Aussäen sollte man nicht ungeduldig werden, da Palmen meist eine recht lange Keimdauer haben. Schnell keimen *Washingtonia* (nach 15–30 Tagen) und *Trachycarpus* (nach 45–60 Tagen), während man auf die Keimlinge der Bergpalmen *(Chamaedorea)* manchmal 1–6 Monate und beim Kokospälmchen *(Microcoelum)* immerhin bis zu 3 Monate warten muß. Die genauen Keimzeiten stehen in den einzelnen Palmen-Porträts. Von den Extremen einmal abgesehen, beträgt die durchschnittliche Keimdauer etwa 2–3 Monate.

Aussaaterde, Feuchtigkeit und Schutz vor Sonne
Für die Aussaat empfiehlt sich die bereits erwähnte Aussaaterde, mit der die Samen doppelt so hoch zugedeckt werden, wie sie selber dick sind. Denn Palmen gehören zu den Dunkelkeimern.
Ganz gleich, ob die Aussaat in Schalen oder Töpfen vorgenommen wird, immer muß die Erde gleichmäßig feucht sein. Ein einmaliges Austrocknen macht die gesamte Keimung zunichte. Nach dem Auflaufen müssen die zarten Keimlinge vor Sonne und allzuviel Licht geschützt werden. Am besten, man deckt sie in den ersten Wochen zu.
Gleich, um welche Palme es sich handelt, stets muß der Keimling am Samen bleiben, denn hieraus bezieht er seine erste, natürliche Nahrung und wird noch nicht mit Mineraldünger konfrontiert, was einer solchen jungen Pflanze überhaupt nicht behagt. Also, übermäßige Pflegezuwendung kann eher schaden als nützen.

Vermehrung durch Teilung
Einige Palmen lassen sich durch Teilung vermehren. Es handelt sich dabei um Gattungen und Arten, die zu Büschen heranwachsen. Wie bei Gartenstauden braucht man nicht zimperlich vorzugehen und kann den Wurzelballen, je nach Größe, mit einem Messer oder einem Spaten teilen. Es genügt auch, einige Triebe vom Rand des Ballens abzutrennen und in nicht zu große Gefäße einzutopfen.
Rotangpalmen *(Calamus)*, Zwergpalme *(Chamaerops humilis)* und die Rutenpalme *(Rhapis;* Abtrennen der Ausläufer) können mit diesen

Alleinstehend wirken Palmen im Zimmer am besten.

Methoden vermehrt werden. Das Anwachsen geht schneller, weil die abgelösten Teilstücke fast immer mit Wurzeln ausgestattet sind und nach kurzer Pause weiterwachsen. Gesorgt werden muß auch hier für regelmäßige, aber geringe Feuchtigkeit und einen Platz, wohin die Sonne nicht scheint, weil die Pflanzen von den Sonnenstrahlen in Mitleidenschaft gezogen werden.

Vermehrung durch Abmoosen
Eine weitere Möglichkeit der vegetativen Vermehrung besteht im sogenannten Abmoosen, das Blumenfreunde vom Gummibaum oder vom *Philodendron* her kennen, bei denen Kopftriebe noch an der Mutterpflanze wurzeln (siehe Seite 39). Diese Methode empfiehlt sich vor allem bei der Bergpalme *(Chamaedorea elegans).*

Vom Umgang mit Palmen

Bodenheizung hilft beim Keimen und Wachsen

Auf das Wachstum und die Entwicklung der Pflanzen wirken verschiedene Faktoren ein. Hierzu gehören Luft, Licht, Temperatur, Wasser und Nährstoffe. Das Wachstum der Pflanzen richtet sich aber immer nach dem im Minimum vorhandenen Faktor. Er kann nicht durch einen anderen, reichlich gebotenen ersetzt werden. Es ist also zwecklos, stärkeres Wachstum durch reichliche Düngung erreichen zu wollen, wenn Wasser und Wärme oder das Licht in ungenügendem Maß vorhanden sind. Es muß eben alles zueinander passen.

Wachstumsfaktor Wärme

Besonders für die Pflanzenanzucht ist eine gleichmäßige Temperatur erforderlich. Hohe Keimergebnisse können nur durch eine gleichmäßige Wärme während der Keimzeit erreicht werden. Ein Zimmergewächshaus mit Wärmeplatte garantiert eine solche Gleichmäßigkeit. Die Wärmeplatte ist ein einfach, aber sicher arbeitendes Gerät, das eine optimale Keimtemperatur gewährleistet. Der geringe Stromverbrauch von 10 Watt erwärmt die Erde unter normalen Bedingungen auf etwa 25 °C. Die Wärmeverteilung erfolgt gleichmäßig über die gesamte Fläche. Sie ist doppelt schutzisoliert, vom TÜV geprüft und

Anzuchtgewächshaus mit Beleuchtung und Bodenheizung.

Vom Umgang mit Palmen

mit dem GS-Siegel (geprüfte Sicherheit) versehen.

Anwendung
Auf die Wärmeplatte der Maße 35 × 24 cm passen 3 Stück Mini-Treibhäuser der Größe 26 × 11 cm oder ein Zimmergewächshaus der Größe 36 × 22 cm. Die Wärmeplatte in den Abmessungen 47 × 29 cm ist paßgerecht für die Zimmergewächshäuser 50 × 32 cm oder 60 × 40 cm. Die Gewächshäuser werden einfach auf die Wärmeplatte gestellt und deren Stecker mit dem Leitungsnetz verbunden. Die Erde im Zimmergewächshaus wird je nach Standort auf 22–30 °C erwärmt.

Die günstigsten Keimtemperaturen für Palmen liegen zwischen 25 und 30 °C. Ohne eine Bodenheizung ist daher nur schwer ein Keimerfolg zu erzielen. Es ist empfehlenswert, die Temperatur mit einem Bodenthermometer zu kontrollieren.

Wenn Palmen und andere Zimmerbäume zu groß werden

Oftmals bleibt nichts anderes übrig, als mit drakonischen Maßnahmen den zwar bewunderungswürdigen, aber manchmal etwas zu weit gehenden Wachstumsübermut der Zimmerbäume zu dämpfen. Mit einem scharfen Messer rücken wir ihnen zu Leibe, um Äste und Triebe ordnend zu lenken und zu leiten.

Keine Sorge, ein richtig durchgeführter Schnitt tut den Pflanzen nicht weh, sondern spornt sie eher noch zu neuen Wachstumsleistungen an.

Für den Blumenfreund lohnt sich diese Schneiderei: Die Pflanzen erhalten zum einen die gewünschte, den Zimmerverhältnissen entsprechende Form und sorgen gleichzeitig für arteigenen Nachwuchs. Allerdings wollen die Stecklinge und Ableger manchmal nicht so recht wachsen, sie fangen an zu faulen und werfen die Blätter ab. Vor allem um die Kopftriebe, die radikalen Schnittmaßnahmen zum Opfer fallen müssen, ist es schade. Aber ein findiger Gärtner fand einen geschickten Dreh, wie man die Spitzentriebe der großen Blattpflanzen später abschneiden, zuvor aber noch an der Mutterpflanze zur Wurzelbildung anregen kann: das Abmoosen.

Und so geht die Sache vor sich: Im Sommer, wenn sich die Pflanze im vollen Wachstum befindet, wird dicht unter einem Blatt ein 3–5 cm langer, schräger Schnitt von oben nach unten in den Stamm geführt; dabei muß der Stamm genau bis zur Hälfte angeschnitten werden. Dann schiebt man ein kleines Steinchen in die Schnittstelle, um ein Schließen und Verheilen der Wunde zu verhüten. Und jetzt wird ein »Verband« in Form von feuchtem Torf oder noch besser Torfmoos (Sphagnum) an die Wunde gebracht

Vom Umgang mit Palmen

und lose mit Bastfäden umwickelt. Damit sich die Feuchtigkeit im Moos oder im Torf gut hält und nichts abbröckelt, umhüllt man das Ganze mit durchsichtiger Plastikfolie, die unten fest und oben lose zugeschnürt wird. Bereits nach 6 bis 8 Wochen, in denen auf genügend Feuchtigkeit im Plastikbeutel geachtet werden muß, erscheinen die ersten Wurzeln. In der Klarsichtfolie kann man genau erkennen, wann die junge Pflanze soweit ist, um, losgelöst von der Mutter, ein eigenes, selbständiges Leben zu führen. Dann nichts wie herunter mit Folie, Bast und Torf, den »Jüngling« unterhalb der letzten Wurzel abschneiden und in einen Topf pflanzen.

Diese auf den ersten Blick etwas komplizierte Methode ist für die Pflanze völlig gefahrlos und wurde schon von vielen Blumenfreunden bei der »Erziehung« ihrer allzu groß werdenden Pflanzenkinder angewendet, vor allem bei Gummibäumen, Philodendren, zu hoch oder unansehnlichen Bergpalmen und anderen stammbildenden Palmen-Gattungen und -Arten.

Pflegefehler machen Pflanzen krank

Erfreulicherweise bleiben unsere Zimmerpflanzen meist von »echten« Krankheiten verschont. Auch Schädlinge, von Läusen einmal abgesehen, sind nur selten anzutreffen (siehe Kapitel »Pflanzenschutz«). Und doch werden Blätter gelb und fallen ab, Knospen trocknen ein, Blüten entwickeln sich nicht, manche Blätter werden glasig oder sind voll von kleinen, braunen, rostähnlichen Flecken. Man braucht kein ausgebildeter Pflanzendoktor zu sein, um hinter die Ursachen dieser »Krankheiten« zu kommen: Es handelt sich um Umweltschäden oder aber um das traurige Ergebnis von falsch oder überhaupt nicht durchgeführten Pflegemaßnahmen.

Wasser kann gefährlich werden
Die Wurzel der meisten Übelstände ist vor allem beim Gießen zu suchen. Die Pflanzen besitzen hochempfindliche Wurzeln, die auf ein Zuviel oder ein Zuwenig an Wasser, je nach Veranlagung, schnell reagieren. So zeigen sie das Übermaß an Wasser, das ihre Lebensbedingungen sofort ungünstig verändern kann, oft durch gelbe Blätter an. Dürre Spitzentriebe, das Abfallen von zahlreichen Blättern, bei Azaleen oft beobachtet, ist dagegen auf das Austrocknen des Wurzelballens zurückzuführen.

Regelmäßig, aber mäßig, heißt es also beim Gießen, und niemals nach einem festen Reglement die Wassergaben verabreichen, sondern die Zimmertemperatur, das Alter der Pflanze und in den Wintermonaten auch die Ruhezeit bei dieser wichtigsten Pflegearbeit beachten.

Vom Umgang mit Palmen

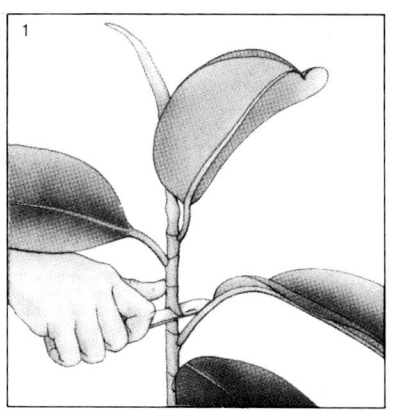

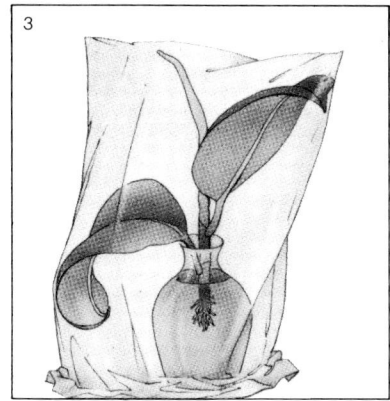

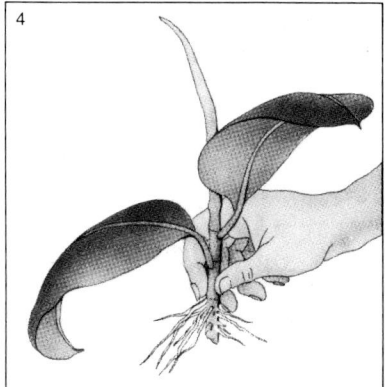

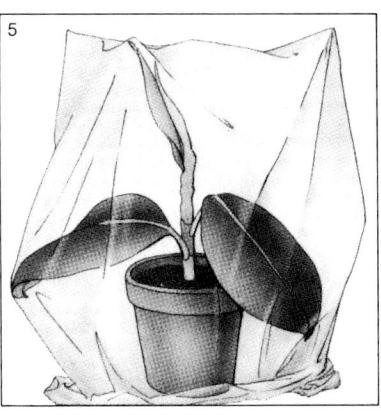

1 Spitzentrieb dicht unter einem Blatt schräg abschneiden.

2 »Verband« aus feuchtem Torf oder Sphagnum-Moos anlegen.

3 Bewurzelten Steckling in Wassergefäß stellen und mit Plastikhaube umhüllen.

4 Gut bewurzelte junge Pflanze, fertig zum Einpflanzen.

5 Der erste Topf für die junge Pflanze. Eine Plastikhaube fördert das Wachstum.

Vom Umgang mit Palmen

Diese Aufmerksamkeit lohnt sich (siehe Kapitel »Wasserwünsche«). Wachstumsstockungen, Blattbräune und allgemeines Unwohlsein wird oft durch einen zu hohen Kalkgehalt und damit zu großen Härtegrad des Gießwassers hervorgerufen. Dann heißt es, das Wasser zu enthärten, am besten mit den in Fachgeschäften erhältlichen Enthärtungsmitteln.

Bei Pflanzen mit weichen und einem feinen Haarfilz überzogenen Blättern, wie Zimmerlinden und anderen, muß unbedingt von einem Brausebad Abstand genommen, ja sogar darauf geachtet werden, daß kein Wassertropfen an die Blätter und schon gar nicht an die Blüten kommt, da sonst häßliche Flecken entstehen.

Die Sonne, sonst Lebenselixier von Flora und Fauna, ist tunlichst von den meisten Zimmerpflanzen fernzuhalten, um Blattverbrennungen, vor allem an jungen Trieben und Blüten, zu vermeiden.

Zu den Umweltschäden gehört natürlich auch die in zentralbeheizten Wohnungen immer wieder als Pflanzenfeindin anzutreffende Lufttrockenheit, der wir durch oftmaliges Sprühen begegnen. Nicht vergessen werden darf natürlich die Zugluft, die manchen Pflanzen zu schaffen macht. Auch sollten unsere grünen Freunde nicht in dunklen Ecken herumstehen, wo sie bald ihren Lebensmut verlieren. Es sei denn, sie werden zusätzlich mit Speziallampen belichtet (siehe Kapitel »Licht und Pflanzenwachstum«). Eine Unsitte mit üblen Folgen ist das Drehen und Wenden der Töpfe, das den Blattpflanzen viel Kraft kostet, da sie sich immer wieder dem Licht zuwenden müssen.

Heizung und Luftfeuchtigkeit
Wachstumsstockungen, gelbe oder trockene Blätter, das Abfallen der Knospen und Blüten bei Winterblühern sind alljährlich wiederkehrende und alarmierende Zeichen für ein Unwohlsein der Pflanzen von Beginn bis Ende der Heizperiode. Blumenfreunde fragen sich, woran das liegen mag.

Früher bullerte ein Kohleofen in irgendeiner Ecke des Zimmers, meist weit entfernt von Blumentisch und Fensterbank, so daß seine wärmenden Strahlen die Pflanzen nur unregelmäßig oder überhaupt nicht trafen. Wer heute noch einen Kohle- oder Kachelofen besitzt, wird feststellen, daß die Lufttrockenheit weit weniger unangenehm spürbar wird als in zentralbeheizten Wohnungen. Aber damit müssen wir nun einmal leben. Immerhin spricht die Luftfeuchtigkeit nun einmal ein gewichtiges Wort über das Wohl und Wehe aller Blatt- und Blütenpflanzen. Zentralheizungskörper aber sind aus praktischen Erwägungen fast immer unter der Fensterbank angebracht, wo die aufsteigende Wärme die Luft trocken werden läßt. Erfreulicherweise kann man dagegen etwas tun.

Vom Umgang mit Palmen

Tips zur Winterpflege

Wie aber kann man den Zimmerpflanzen das Leben im Winter so angenehm wie möglich machen? Am besten ist es, die Sprühdose oder einen Spritzball recht oft in Aktion treten zu lassen. Mit diesem feinen künstlichen Regen wird gleichzeitig auch noch der porenverstopfende Staub entfernt. Kalkfreies, enthärtetes Wasser tut ein übriges, damit die Pflanzen immer wie frisch gewaschen glänzen.

Von allen Luftfeuchtigkeitssorgen aber befreien uns elektrische Luftbefeuchter, die das Wasser in unsichtbaren Staubregen verwandeln. Es versteht sich, daß die Wirkung dieser Geräte nicht nur von den Zimmerpflanzen, sondern auch von uns als wohltuend empfunden wird. Eine genaue und regelmäßige Überprüfung der durchgeführten Pflegemaßnahmen und das Erfüllen der individuellen Pflanzenwünsche hilft vorbeugend, Krankheiten zu verhüten und sogar Krankheiten zu heilen. Und wenn trotzdem von Zeit zu Zeit ein Blatt gelb wird und herunterfällt, so wollen wir daran denken, daß alles irdische Leben nun einmal vergänglich ist.

Wenn allerdings die eine oder andere Pflanze kahl dasteht wie ein Laubbaum im Winter, braucht man sie nicht zu entfernen. Ein kräftiger Rückschnitt läßt sie wieder gut aussehen. Diese Methode kann auch für gesunde Gewächse empfohlen werden.

Pflanzenschutz bei Krankheiten und Schädlingen

Wenn Zimmerpflanzen trotz des richtigen Standortes und sorgfältiger Pflege nicht so recht wachsen und blühen wollen, sind sie krank. Sei es, daß Pilze oder Bakterien sich in die Pflanzenzellen eingenistet haben (Wunden und Verletzungen öffnen ihnen in den meisten Fällen die Tür) oder daß eine schädliche Insektenart die Pflanze als Nahrungsquelle angezapft hat und ihr den süßen Pflanzensaft aus den Zellen entzieht.

Richtig gepflegte, gut ernährte und gesunde Pflanzen, die an einem für sie geeigneten Standort aufgestellt werden, sind weniger durch Pilze, Bakterien, Viren oder Insekten gefährdet. Doch sind sie erst einmal krank geworden, können sich Zimmerpflanzen nicht selbständig von lästigen Schädlingen und quälenden Krankheitserregern befreien. Sie sind dabei auf die Hilfe des Menschen und den Einsatz geeigneter Pflanzenschutzmittel angewiesen.

Pilzkrankheiten und Bakterienkrankheiten

Die Heilung ist für den Zimmergärtner schwierig, denn diese Krankheitserreger schleichen sich unbemerkt in das Innere des Pflanzengewebes ein und breiten sich dort aus. Wenn die Krankheit äußerlich sichtbar wird, zum Beispiel durch

Vom Umgang mit Palmen

die Ausbreitung eines weißen oder grauen Schimmelrasens auf Blättern und Blüten, durch Blattflecken, Rostpusteln oder faulendes Gewebe, hat sich die Krankheit in der Pflanze schon sehr weit verbreitet, und die eigentliche Infektion liegt bereits Wochen oder Monate zurück. Die Pflanze ist zu dem Zeitpunkt schon so stark geschädigt, daß sich der Zimmergärtner am besten von der kranken Pflanze trennt, bevor benachbarte Pflanzen von diesem Infektionsherd angesteckt werden.

Einer Infektion durch Pilze oder Bakterien an den Wurzeln oder am Wurzelhals kann man jedoch durch richtiges Gießen vorbeugen. Denn Wurzelfäulnis wird durch ständig zu nasse Blumenerde, durch stehengebliebenes Wasser im Übertopf oder Untersetzer und durch das Gießen ins Herz der Pflanze begünstigt.

Wolläuse am Werk.

Viruskrankheiten

An Zimmerpflanzen lassen sie sich bis heute nicht heilen. Zum Glück treten sie nur selten auf. Doch wer Usambaraveilchen mit gelben Flecken im Zimmer stehen hat und wer nicht aufgrund des zu sonnigen Standortes diese gelben Flecken eindeutig als Sonnenbrand identifizieren kann, der sollte sich schnell von dieser viruskranken Pflanze trennen, bevor andere Pflanzen davon angesteckt werden.

Schädliche Insekten

Ganz anders als bei den krankheitserregenden Pilzen, Bakterien und Viren verhält es sich bei den pflanzenschädigenden Tieren aus der Gruppe der Insekten. Diese oft nur unter einer Lupe deutlich erkennbaren Tierchen leben außen auf den Blättern und Stengeln und sind zu entfernen. Sie schädigen unsere Palmen, indem sie den Pflanzensaft aus den Zellen heraussaugen. So ein einzelnes kleines Insekt würde dabei noch keinen großen Schaden anrichten, doch vermehren sich alle Insekten sehr rasch, so daß die befallenen Pflanzen sehr bald unter einer ganzen Kolonie von diesen saugenden Spinnmilben, Blattläusen oder anderen Insekten-Plagegeistern zu leiden haben.

Blattläuse Sie gehören zu den lästigsten Pflanzenschädlingen an Zimmerpflanzen. Hier ist die Grüne Blattlaus weit verbreitet, die etwa

Vom Umgang mit Palmen

4 mm groß wird und mit dem bloßen Auge gut erkennbar ist. Daneben gibt es noch schwarze, gelbe und braune Arten. Blattläuse saugen an Blättern und besonders gern auch an den Triebspitzen, die durch das Saugen verkrüppeln. Durch ihre Kotausscheidungen, den sogenannten Honigtau, siedeln sich zusätzlich Schwärzepilze (Rußtaupilze) an, die die Pflanzen unansehnlich machen. Für schnelle Hilfe sorgen Pflanzenschutz-Sprays, die einfach auf die befallenen Pflanzen gesprüht werden. Bevorzugt werden sollten dabei Spritz-, Sprüh- und Stäubemittel pflanzlichen Ursprungs, wie Bio-Myctan-Zimmerpflanzen-Spray oder Neudosan AF. Manchmal hilft sogar mehrmaliges Abduschen mit einem kräftigen Wasserstrahl oder Sprühen mit einer Schmierseifenlösung.
Blattläuse bringen zusätzlich noch eine Gefährdung durch Viren mit sich, die sie in ihrem Speichel mitführen können, und die beim Saugen in die Pflanzen eindringen.

Spinnmilben sitzen oft auch an den Blattunterseiten.

Spinnmilben (Rote Spinne) Sie sind viel kleiner als die Blattläuse, nämlich nur etwa 0,5 mm groß und kommen ebenfalls an vielen Zimmerpflanzen vor. Sie vermehren sich besonders stark bei trockener Zimmerluft, so daß man besonders während der Heizperiode im Winter auf die anfangs punktförmigen Saugstellen auf den Blättern achten sollte. Im fortgeschrittenen Stadium findet man feine Gespinste zwischen den Blättchen und an der Triebspitze. Spinnmilben verstecken sich gern auf den Blattunterseiten, so daß man bei der Bekämpfung mit einem Spray, z. B. Neudosan AF, darauf achten muß, daß auch die unteren Blattseiten gut besprüht werden. Da die Nachkommen in ihren Eiern gut geschützt sind, sollten befallene Pflanzen mehrmals im Abstand von 5–7 Tagen übersprüht werden, damit auch die schlüpfenden Larven erfaßt werden. Starker Spinnmilben-Befall führt zum Eintrocknen der Blätter und zum Abfall der meisten Blätter.
Weiße Fliege Während die Spinnmilben stärker im Winter auftreten, hat die Weiße Fliege im Sommer Hochsaison.
Die 1,5 mm große Weiße Fliege und ihre gelblich-grünen Larven leben auf der Blattunterseite. Durch das Saugen werden die Blätter gelbflek-

Vom Umgang mit Palmen

Hartnäckig: Weiße Fliege.

Schildläuse bevorzugen Palmen.

kig und vergilben schließlich. Berührt man die Blätter zum Beispiel beim Gießen, sieht man die geflügelten Tierchen auffliegen.
Die Weiße Fliege wird mit Spezialmitteln wie Neudosan AF sicher bekämpft. Aufgrund ihrer schnellen Vermehrung ist in jedem Fall ein mehrmaliges, sorgfältiges Besprühen der Blattunterseiten in Abständen von 4–5 Tagen unbedingt empfehlenswert.
Bei starkem Befall mit Weißen Fliegen, drinnen oder draußen, lohnt sich der Einsatz sogenannter Gelbsticker, das sind kleine, trichterförmige Gelbtafeln, die einfach in die Blumentopferde gesteckt werden. Die Insekten fliegen auf die beleimten Tafeln und bleiben, nach dem Fliegenfängerprinzip, daran kleben. »Hängen« bleiben aber nicht nur Weiße Fliegen, sondern auch geflügelte Blattläuse.

Schildläuse Sehr hartnäckige Schädlinge sind auch die Schildläuse, die sich bevorzugt an den Blattunterseiten und zwischen den Blattscheiden festsetzen und den Pflanzensaft aus den Zellen saugen. Die Schilde lassen sich zwar leicht abkratzen, doch wird der Rückenschild der ausgewachsenen Schildlaus kaum noch von Pflanzenschutzmitteln durchdrungen. Die beweglichen jüngeren Stadien der Schildläuse lassen sich mit Pflanzenschutz-Spray bekämpfen. Zu empfehlen sind nützlingschonende Mittel, wie z. B. Promanol oder Neudosan AF, das auch gegen Blattläuse, Weiße Fliegen und Spinnmilben eingesetzt werden kann.
Der geneigte Leser möge Verständnis dafür haben, daß keine speziellen chemischen Mittel hier genannt werden, weil viele Pflanzenschutzpräparate durch die Verschärfung

Vom Umgang mit Palmen

des Pflanzenschutzgesetzes aus dem Verkehr genommen werden. Ein gutes Gartenfachgeschäft oder das regionale Pflanzenschutzamt wird Sie gern weiterberaten.

Springschwänze Die auf dem Substrat springenden etwa 1–4 mm großen Springschwänze, auch Collembolen genannt, halten viele Zimmergärtner auch für Pflanzenschädlinge. Doch handelt es sich hier um ganz harmlose Tierchen, die von organischen Stoffen leben, wie sie zum Beispiel bei der Umwandlung von Torfen entstehen, und die gesunde, lebende Pflanze nicht schädigen. Springschwänze sind jedoch immer ein Zeichen von zu starker Erdfeuchtigkeit, denn bei viel Feuchtigkeit vermehren sie sich rascher. Hier braucht kein Pflanzenschutzmittel eingesetzt zu werden, denn es genügt, wenn man die Pflanzen trockener hält.

Die Zwergpalme, *Chamaerops humilis,* darf im Sommer ins Freie.

Palmen im Portrait

Archontophoenix

In den Tropen sieht man sie oft, sowohl in öffentlichen Anlagen wie auch in Privatgärten. Das verwundert niemanden, weil sie am Ende der schlanken Stämme, die bis zu 20 m hoch werden können, eine Krone mit besonders großen, wuchtigen Fiederblättern tragen, die bis zu 4 m Länge erreichen. Darunter sitzen an den Rispen auffallende, bei der Reife sich rotfärbende Beerenfrüchte, die dieser Palme einen weiteren Schmuckwert verleihen. Bemerkenswert sind 2 Arten: *A. alexandrae* und die in Europa mehr und mehr angebotene *A. cunninghamiana,* die hin und wieder auch *Seaforthia elegans* genannt wird.

Archontophoenix alexandrae

Die aus Queensland stammende Art *A. alexandrae* (von Alexandra, Prinzessin von Dänemark) unterscheidet sich von *A. cunninghamiana* durch die graue Unterseite der Blattfiedern und durch eine Verdikkung des Stammfußes. Aber das ist doch mehr etwas für Botaniker. Sie wächst besonders schnell, verlangt dazu aber einen freien Stand und volle Sonne. Die Keimung im Freien soll unter günstigen Bedingungen bereits nach 6 Wochen erfolgen. Al-

Howeia-Palmen sind wegen ihres lockeren Wuchses und ihrer Robustheit besonders empfehlenswerte Zimmerpalmen.

Archantophoenix cunninghamiana, im Zimmer gut zu halten.

lerdings nur in ihrer tropischen Heimat. Bei uns wird im Zimmer bei hohen Temperaturen ausgesät. Mittlerweile sind diese Palmen mit den übergroßen Wedeln so bekannt geworden, daß sie nicht nur in Australien, sondern auch in Florida, Venezuela und auf Jamaika zu finden sind.

Archontophoenix cunninghamiana
Die Art wurde zuerst in Neusüdwales und Queensland gefunden. Mit ihrem Namen wird der britische Pflanzensammler Allan Cunningham (1791–1839) geehrt. Bemerkenswert sind die hell- bis dunkelvioletten Blüten.

Palmen im Portrait

Archontophoenix daheim
A. cunninghamiana hat ihre Bewährungsprobe in unseren Wintergärten und Wohnungen bereits bestanden. Sie verlangt Temperaturen, die im Winter nicht unter 12–15 °C absinken, in den anderen Jahreszeiten sind 15–18 °C erwünscht. Ihr Lichtbedarf liegt bei 600–800 Lux. Diese Bedingungen entsprechen denen vieler anderer Zimmerpflanzen, dürften also leicht zu erfüllen sein. Gut wächst diese Palme in Hydrokultur. Die Keimung der Samen dauert 2–3 Jahre.

Betelpalme
Areca

Als Captain Francis Light 1785 eine größere Insel im Norden der Straße von Malakka entdeckte, war er überrascht von einer Vielzahl schlankwüchsiger Palmen, die keine großen braunen, behaarten Kokosnüsse, sondern hühnereigroße, gelbe bis orangerote Früchte trugen. Er befragte die Eingeborenen und erhielt zur Antwort, daß es sich um Betelpalmen handelte.
Der biedere Seemann nannte seine »Eroberung« dann auch folgerichtig Putau Pinang, was aus dem Malaiischen übersetzt »Insel der Betelnußpalmen« heißt. Die heute als Ferienparadies zu Recht gelobte Insel gehörte zuerst der East India Company, dann zusammen mit West-Malaysia der britischen Krone mit der Bezeichnung Straits Settlements und zählt heute zum Staat Malaysia.
Die Insel Penang ist längst kein Eiland der Betelpalme mehr, sondern diese ist eine von vielen Palmen unter der üppigen Flora dieser klimatisch begnadeten Insel. Ich fand die Betelpalme in Küstennähe mitten zwischen Kokospalmen, von denen sie sich vor allem durch die unterschiedliche Fruchtgröße und die schlankeren Stämme unterscheidet. Nach dem botanischen Gattungsnamen wird die gesamte Palmenfamilie benannt: *Arecaceae*. Die Bezeichnung »areec« stammt nicht, wie sonst in der botanischen Nomenklatur häufig, aus dem Griechischen, sondern aus der Tamilensprache, und durch spanische Einflüsse entstand das endgültige Wort *Areca*. Die Wissenschaftler schreiben von 54–88 Arten, von denen allerdings uns nur eine, *Areca catechu*, interessiert.

Areca catechu
Betel-, Pinang-, Katechupalme
Die *Areca*-Palme gehört eigentlich weniger zu den Zier- als zu den Nutzpalmen, wenn auch ihr Nutzwert (Bestandteil des Betelpriems) fragwürdig ist, jedenfalls nach europäischen Moralvorstellungen.
Die schlanken Palmen erreichen Höhen von 18–30 m. Dabei weisen die zuerst grünen, später grau gefärbten Stämme einen Durchmesser von nur 20 cm auf, so daß sie sich

49

Betelpalme, *Areca*

im Alter meist auf andere gleich große Gewächse (Kokospalmen) stützen müssen. Die 1,5–2 m langen Wedel stehen dicht nebeneinander und neigen sich vornüber.

Die Früchte erreichen die Größe von einem Gänseei, färben sich rot und enthalten nur einen Kern, der landläufig als Betel- oder Areca-Nuß bezeichnet wird, die als Droge seit über 1000 Jahren im indischen, chinesischen und südostasiatischen Raum, dazu einigen Küstenstrichen Ostafrikas, Madagaskars und Neuguineas, verwendet wird. Die Bezeichnung Nuß ist jedoch irreführend, da es sich um den Samen handelt, aus dem man zusammen mit anderen Ingredienzien den Betel-Priem herstellt.

Betelpalme zu Hause

Der einzig mögliche Aufenthaltsort für die *Areca*-Palme ist im warmen Gewächshaus mit Temperaturen, die nachts nicht unter 18 °C betra-

Palmen im Portrait

gen und am Tage bis 25 °C erreichen. Im Zimmer lebt sie nicht lange, es sei denn, man setzt sie wie das Kokospälmchen in einen stets mit Wasser gefüllten Untersatz. – Zwischen 6 und 12 Wochen dauert die Keimung, die nur gelingt, wenn im Anzuchtbeet 25 °C Wärme herrscht.

Rotangpalme
Calamus

Die Rotangpalmen sind aus mehreren Gründen erwähnenswert. Einmal handelt es sich um die mit 340 Arten artenreichste Palmengattung, deren Verbreitung sich von Westafrika, Vorderindien, Australien bis hin zu den Fidschi-Inseln erstreckt. Auffallend sind die Blätter, die aussehen, als wären sie vom Winde zerzaust. Manche wirken wie abgerissen.
Alle Arten, die im tropischen Regenwald wachsen, klettern Licht suchend an Urwaldriesen empor und blühen hoch oben in den Kronen. Ein Wachstum, zu dem auch *Philodendron*, *Monstera* (Fensterblatt) und *Raphiodophora* (Efeutute) gezwungen sind. Mit kleinen Haken suchen und finden die Blattstiele Halt. Sie gehören somit zu den Spreizklimmern, die alle eines gemeinsam haben: Sie sind eigentlich keine richtigen Kletterpflanzen, sondern entwickeln nur lange und biegsame Dornen, mit deren Hilfe sie an Bäumen oder an Hindernissen emporwachsen und Halt suchen. Ohne Halt sinkt der Sproß durch sein Gewicht zu Boden. Damit kein Zweigwirrwarr entsteht, müssen Spreizklimmer an Gerüsten festgebunden werden. Rosen und Brombeeren gehören übrigens auch zu dieser »Lianen«-Gruppe.
Rotangpalmen besitzen also keinen säulenförmigen Stamm, sondern 60–90 m lange Sprosse. Wenn in Berichten von Forschern und in Abenteuerromanen von undurchdringlichem Dickicht die Rede ist, so handelt es sich oft um die meterlangen Sprosse der Rotangpalmen, die, von ihren Wirtsbäumen heruntergerutscht, undurchdringliche Hindernisse bilden.
Leider wird das bald nicht mehr zu »beklagen« sein, weil der Raubbau an diesen Palmen zunimmt. Man gewinnt aus den Sprossen das begehrte »Rotang« (malaiisch: »rotan«), jenen Rohstoff, der vor allem zu Spanischem Rohr oder Stuhlrohr (Peddigrohr) weiterverarbeitet wird.

Calamus ciliaris daheim
In den Palmenhäusern wurde vor allem *C. ciliaris* kultiviert. In Java und auf Sumatra zu Hause, entwickelt sie sich in Warmhäusern (nächtliche Temperaturabsenkung bis 18 °C) zu einer mehrstämmigen, blattschönen Palme. Neben hohen Temperaturen braucht *Calamus* (gr. kalamos = das Rohr) reichlich Feuchtigkeit und eine lockere, nährstoffreiche

Palmen im Portrait

Erde. Ein dauernd mit Wasser gefüllter Untersatz ist zu empfehlen. Die Samen keimen nur ganz frisch in 3–4 Monaten. Die Vermehrung durch Abtrennen bewurzelter Stecklinge ist sicherer.

Fischschwanzpalme, Brennpalme
Caryota

Von dieser Gattung, die ihren botanischen Namen aus dem Griechischen caryotes = nußartig (Früchte) erhielt, sind 27 Arten bekannt, deren heimatlicher Standort sich vom tropischen Asien über den Malaiischen Archipel bis hin nach Australien und Neu-Guinea erstreckt.

Nur bei dieser Palmengattung sind die Blätter doppelt gefiedert und wirken an den Spitzen wie angefressen. Wegen dieser seltsamen, flossenartigen Blattform bekam sie den deutschen Namen Fischschwanzpalme. Den Pflanzenfreund interessieren 2 Arten, *C. mitis* und vor allem *C. urens,* die auch Ostindische Brennpalme genannt wird.

Caryota urens

Sie ist die schönste der Gattung und wird auch häufig in den öffentlichen Anlagen und Botanischen Gärten der Tropen gepflanzt. In europäischen Palmen- und Schauhäusern findet man sie ebenso wie in privaten Sammlungen, vorausgesetzt, es stehen regelmäßig geheizte Wintergärten oder Gewächshäuser zur Verfügung.

Mit Blüte und Fruchtbildung wird wohl hier niemand rechnen können, weil *Caryota* sich am heimatlichen Standort erst nach über 10 Jahren zum Blühen anschickt. Die weiblichen Blüten bilden nach der Befruchtung kleine, rote Beeren, die ungenießbar sind. Wer sie ißt, hat Probleme: der Mund brennt, als hätte man in besonders scharfe Peperoni gebissen. Deshalb auch der Artname urens = brennend.

Der Stamm stirbt nach der Bildung der Fruchtstände, die sich nahe am Boden befinden, ab, was allerdings Jahre dauern kann.

Vorher werden die Stämme beim Hausbau verwendet und das sehr harte Holz anderen Nutzungszwecken zugeführt. Daß *C. urens* zu den Nutzpalmen gehört, wenn auch nicht so ausgebeutet wie Kokos- und Ölpalmen, zeigt sich zum Beispiel ebenso daran, daß aus den Blütenständen durch Anzapfen und Vergären Palmwein gewonnen und aus dem Mark der Stämme eine Art Stärkemehl herausgeholt wird.

Die Art *Caryota mitis* unterscheidet sich von *C. urens* durch ihren mehr buschartigen Wuchs und die Bildung von Ausläufern.

Heißt wegen ihrer flossenartigen Blätter Fischschwanzpalme.

»Fruchtstränge« der *Caryota*.

Caryota daheim

Sie gehören zu den sogenannten Warmhauspflanzen mit Nachttemperaturen von 16–18 °C. Da sie schnell wachsen, empfiehlt es sich, sie reichlich mit Wasser zu versorgen und, vor allem in den Wintermonaten, Luftfeuchtigkeit zu schaffen. Das kann durch sorgfältiges Abspritzen von Stamm und Wedel geschehen, eine Prozedur, die am besten in der Badewanne vorgenommen wird. Die Fischschwanzpalme mag einen sonnigen, zumindest einen hellen Platz im Zimmer. Vermehrung durch Aussaat. Die Samen keimen ziemlich sicher, brauchen aber dazu etwa 2 Monate und manchmal sogar länger.

Bergpalme
Chamaedorea

In der Gattung *Chamaedorea* befinden sich Arten von meist niedrigem Wuchs, mit nur selten ungeteilten und gefiederten Blättern, die an einem röhrenartigen Stamm sitzen. Die wohlriechenden, weißen Blüten werden zu erbsengroßen, beerenartigen, gelben und roten, später blauschwarzen Beeren. Die Blüten- und Fruchtstände ragen nach einiger Zeit aus dem Blattschopf heraus.

Schon junge Pflanzen blühen: *Chamaedorea geonomiformis* bereits nach dem dritten Blatt. Deshalb und auch wegen ihres zierlichen, langsamen Wuchses gehören sie zu den beliebtesten Zimmerpalmen.

Die Arten

Zu den 130 *Chamaedorea*-Arten – der Name stammt aus dem Griechischen (chamai = niedrig und dory = Lanze) – gehören neben der bekanntesten und überall erhältlichen *C. elegans* noch *C. ernesti-augusti* und *C. geonomiformis,* die meist nur in Botanischen Gärten zu sehen sind. Dann ist noch die kleinste Palme der Welt zu nennen, *C. tenella*.

Sicherlich werden auch diese Arten wegen ihres Aussehens und der Blühwilligkeit bald zu haben sein.

Elegant im Wuchs und ohne Probleme: *Chamaedorea elegans*.

Palmen im Portrait

Denn Palmen, die im Zimmer blühen, sind rar. Und alle haben einiges zu bieten. Die Ausläufer-bildende *C. ernesti-augusti* überrascht mit einem farbintensiven, bunten Blütenstand und einer ungewöhnlichen Blattform, während sich *C. geonomiformis,* die am Heimatstandort nur 1,7 m groß wird, durch besonders frühe Blütezeit auszeichnet. *C. tenella,* die »Kleinste«, wirkt durch ihre hübschen, herabgebogenen Blütenstände.

Herkunft
Alle Arten dieser unbestachelten Palmen-Gattung sind in Mittel- und Südamerika zu Hause. So wächst *C. elegans* in den kühlen Bergwäldern Mexikos und Guatemalas in etwa 1400 m Höhe, ein Hinweis, daß sie auch bei uns keine tropischen Temperaturen benötigt, sondern sich mit normaler Zimmerwärme zufriedengibt.
Auch *C. elegans* blüht früh und wird nicht selten mit einem knospigen Blütenstand angeboten. Sie wird bei uns nur 1 m hoch, besitzt hellgrüne, leicht überhängende, gefiederte Blätter und gelbe Blüten, die unabhängig von der Jahreszeit erscheinen – bei guter Pflege, versteht sich. Sie gilt wie *C. humilis* als Palme für »beengte Verhältnisse«.

Platzwünsche
Ihre Standortansprüche sind leicht zu befriedigen: Die Bergpalme hat es von Oktober bis Februar, wo sie sich im Überwinterungsraum befindet, gern kühl, wobei die Temperaturen bei etwa 12–14 °C liegen sollten. Den Sommer kann sie draußen auf der Terrasse oder an einem sonnenabgewandten, windgeschützten Platz im Garten verbringen. Auch im Zimmer wird die Sonne von ihr ferngehalten. Ihre Lichtbedürfnisse sind gering: Sie liegen bei 600–800 Lux.

Gießen und Düngen
Vor allem draußen wird in der warmen Jahreszeit reichlich gegossen und, falls es die Größe der Palme zuläßt, wöchentlich getaucht. Im Winter sollen die Wassergaben der Zimmertemperatur angeglichen sein. Also: bei 12–14 °C nur die Erde leicht anfeuchten, bei 20–22 °C jede Woche einmal durchdringend gießen und Stichproben machen, ob die Erde nicht völlig ausgetrocknet ist.
Für die Pflege dieser, aber auch aller anderen Palmen gilt: die Pflanze durch regelmäßiges Besprühen (in der Badewanne) vom Staub freihalten und ihnen, wenn auch nur wenige Stunden, erfrischende Luftfeuchtigkeit bieten.
Trotz ihres langsamen Wachstums braucht auch die Bergpalme Dünger, am besten von März bis August eine wöchentliche Nährlösungsgabe (Flüssigdünger).

Vermehrung
Chamaedorea elegans läßt sich leicht aus Samen vermehren. Wir le-

Palmen im Portrait

gen dazu den Samen in eine Aussaatschale oder ein Zimmergewächshaus mit Bodenheizung und stellen auf 24 °C ein. Sind die Keimlinge einige Zentimeter groß geworden, werden sie in kleine Töpfe gesetzt, am besten 3 Stück zusammen, damit sie schneller wie richtige »erwachsene« Pflanzen aussehen (siehe auch Kapitel »Vermehrung durch Samen«). Warm, feucht und schattig gehalten, wachsen sie bald heran. Übrigens, man kann von *C. elegans* und *C. geonomiformis* den Samen selber ernten und aussäen. Wer damit kein Glück hat, besorge sich den Samen im Gartenfachgeschäft.

Am einfachsten und schnellsten kommt man zu *C.-elegans*-Nachwuchs durch Abmoosen, das allerdings nur bei hochwüchsigen Pflanzen vorgenommen werden sollte. Viele Blumenfreunde kennen diese Methode von Gummibäumen her, die zu hoch wurden und die man durch diesen »Eingriff« kürzen und somit auch vermehren kann (Spitzentrieb). Über das Abmoosen lesen Sie bitte im Kapitel »Wenn Palmen zu groß werden« nach.

Der große Vorteil der Bergpalme, *Chamaedorea elegans:* sie wächst langsam, gedeiht im Zimmer im Schatten bei normalen Temperaturen (nicht zu kühl) und ist die blühfreudigste Palme überhaupt.

Palmen im Portrait

Zwergpalme
Chamaerops humilis

Sie ist, neben *Phoenix theophrastii* (siehe dort), die bisher nur auf Kreta festgestellt wurde, die einzige in Europa heimische Palme von Bedeutung, während alle anderen heute in Südfrankreich, Italien oder Griechenland lebenden Palmen »Zugereiste« sind. Von den 9 bekannten Arten der Gattung ist nur *C. humilis* erhältlich.

Herkunft und Beschreibung
Die Zwergpalme ist in ihrer Heimat vor allem auf steinigen Böden anzutreffen und bildet dort niedrige, nur 1 m hohe Büsche, weil sie vom Weidevieh benagt und somit klein gehalten wird. An unzugänglichen, vor Tieren geschützten Plätzen kann sie größer werden. Die fächerförmigen Blätter mit den dornigen Blattstielen sind tief geschlitzt.
Das typische Merkmal von *C. humilis* ist die gespaltene, netzfaserige Blattscheide. Die gelben Blüten bilden eine Traube, die Früchte färben sich rot. Von *C. humilis* gibt es noch weitere 7 Varietäten, nämlich die var. *arborescens, argentea, dactylocarpa, elegans, gracilis, robusta* und *tomentosa*. Nicht zu verwechseln mit den anfangs genannten 9 reinen Arten.
Diese Palme, deren botanischer Name sich aus den griechischen Wörtern chamai = niedrig und rhops = Strauch zusammensetzt, war schon den Römern bekannt (erwähnt bei Galenus 129–199 n. Chr.), die aus den Blättern Besen und Körbe fertigten. Das geschieht noch heute. Doch nur wenige Menschen beherrschen diese handwerkliche Fingerfertigkeit. Auf Sizilien zeigte mir ein Bauer, wie aus Palmenblättern Besen werden. Es war und ist eine mühselige Arbeit. Nach Norden kam diese Palmengattung bereits 1593 und wurde wie viele andere »exotische« Gewächse auch erst viel später in Botanischen Gärten und fürstlichen Orangerien der Öffentlichkeit präsentiert.

Platzfragen
Heute ist die Zwergpalme jedermann zugänglich und wegen ihres langsamen Wachstums und ihrer Anspruchslosigkeit auch zu empfehlen.
Die Standorte sind ähnlich zu wählen wie bei anderen Kübelpflanzen und Zimmerbäumen: im Sommer, von Mai bis September, ins Freie an einen Platz an der Sonne stellen, wenngleich sich die Zwergpalme auch mit einer Stelle zufriedengibt, wo die Sonne nur ein paar Stunden scheint. Ich selber bevorzuge für meine Palmen solche Plätze, auch deshalb, weil nach dem langen Aufenthalt im Zimmer oder im Winterquartier Plamenblätter etwas sonnenempfindlich geworden sind. Besonders schön wirken Zwergpalmen zu zweien oder dreien, also gruppenweise neben Sitzbänken,

Die Zwergpalme, *Chamaerops humilis,* verträgt sogar Sonne.

auf größeren Terrassen oder einzeln in Wintergärten und kühlen Wohnräumen.

Im Grunde ist diese Palmenart eine reinrassige Kübelpflanze, gehört also im Sommer nach draußen und in der kalten Jahreszeit in den Keller, die Garage oder an einen anderen kühlen Überwinterungsplatz. Dort sollte man auf jeden Fall die Erde trockener halten als die Monate vorher, sonst kommt es zu Nässeschäden.

Zwergpalmen brauchen bei der Überwinterung Licht und Luft und sollten auf keinen Fall in Räumen ohne Fenster untergebracht werden. Gut tut ihnen auch, sie im Sommer und im Winter durch Bespritzen vom Staub zu säubern. In sehr kühlen Räumen (um 5 °C) genügt das als Wasserversorgung. Es lohnt sich auch ein Versuch, die Zwergpalme den Winter über ständig im Zimmer zu halten. Bei *Chamaerops* in Hydrokultur wurde beobachtet, daß sie sogar in Räumen mit trockener Luft und bei Sonneneinstrahlung gut vorankommt. Das ist um so bemerkenswerter, da es wenige Pflanzen gibt, die Sonne vertragen können.

Gießen und Düngen

Gegossen wird im Sommer reichlich, je nach Temperatur, auch bei

Palmen im Portrait

trübem Wetter oder Regen, da die Blätter wie ein Schirm wirken und zu wenig Tropfen an die Erde kommen lassen. Draußen auf der Terrasse und im Garten brauchen sie von Mai bis August wöchentlich Volldünger, der den Palmen auf jeden Fall flüssig zugeführt werden soll. Fester Dünger eignet sich nicht, da das starke Wurzelwachstum die Pflanzgefäße völlig ausfüllt, der Dünger oben liegenbleibt, was im schlimmsten Fall zu Wurzelverbrennungen führen kann.
Vorsichtige Palmenliebhaber gießen mit reinem Wasser nach. Da kann dann überhaupt nichts mehr passieren.

Umtopfen
Junge Pflanzen brauchen etwa alle 2–3 Jahre einen neuen Topf und neue Erde. Später reicht es, nur noch dann umzutopfen, wenn die Wurzeln sich aus dem Topf schieben. Dann darf man auch vom Ballen die untersten Wurzeln abschneiden, damit er in das neue Gefäß paßt. Es lohnt sich nicht, hier zimperlich vorzugehen. Außerdem muß der Wurzelballen verkleinert werden, sonst könnte man die Pflanzgefäße nach einer Reihe von Jahren nicht mehr im Überwinterungsraum unterbringen.
Als Umtopferde nehmen wir die im Handel erhältlichen Torfkultursubstrate oder eine vorgedüngte Fertigerde mit Zusätzen von Lauberde (siehe *Howeia*) und scharfem Sand.

Das Mischungsverhältnis: Fertigerde 80%, Lauberde 15%, Sand 5%. Das ist so über den Daumen gepeilt, ganz genau muß man es nicht nehmen. Zwar ist diese »alte« Erdbeschaffungsmethode ein bißchen mühsam. Palmenliebhaber aus Passion scheuen aber diese Mühe nicht.
Wie alle anderen Palmen sollte auch die Zwergpalme in einem schmalen, hohen Gefäß stehen. Es macht aber den Palmen nichts aus, wenn sie in anders geformten Behältern wachsen müssen. Die Dränageschicht aus Tonscherben nicht vergessen, sonst gibt es braune Spitzen! Ein Tip: beim Abschneiden einen schmalen Rand dranlassen, sonst trocknen die Blätter immer weiter aus.

Vermehrung
Vermehrt wird durch Aussäen im Februar/März in eine im Handel erhältliche Aussaaterde. Bereits nach 2 Jahren sehen die kleinen Palmen recht ordentlich aus und können das erstemal umgepflanzt werden. Dabei entferne man die möglicherweise gebildeten Seitentriebe und stecke sie in kleine Töpfe mit der gleichen Erde.
Zu empfehlen ist auch die Teilung älterer Pflanzen. Davor sollte man sich nicht scheuen, einmal, weil es der Pflanze nicht schadet und weil man auf diese Weise schneller zu größeren Pflanzen kommt (siehe auch Kapitel »Vermehrung von Palmen«).

Goldfruchtpalme, Akreapalme
Chrysalidocarpus lutescens

Schon vor der Jahrhundertwende bekannt und beliebt, wurde die Akrea-Palme erst in den letzten Jahren von unseren Gärtnern wiederentdeckt. Sie wird zwar noch unter diesem Namen gehandelt, mehr und mehr jedoch setzt sich die Bezeichnung Goldfruchtpalme durch.
Aus gutem Grund, weil der deutsche Name eine reine Übersetzung des botanischen Namens ist, nach dem griechischen chrysos = Gold und karpos = Frucht. Der Artname *lutescens* bedeutet »gelb überlaufen« und nimmt auf die goldgelbe Färbung der gesamten Pflanze Bezug, die aber nur dann auftritt, wenn sie im Freien, also in Parks und Gärten südlicher Breiten wächst. Außerdem braucht sie, um golden zu schillern, einen Platz in voller Sonne bei reichlichen Wassergaben.
Sowohl in unseren Wohnungen als auch in den öffentlichen Anlagen der großen südostasiatischen Städte, wie z. B. Singapur, ist sie auf dem besten Wege, zur beliebtesten Palme aufzusteigen. Einmal wegen ihrer eleganten Wedel, des sehr attraktiven, buschartigen Wuchses und wegen ihrer vielseitigen Verwendbarkeit. So fand ich sie in Singapur als Straßenrandpflanzung und auch als Kübelpflanze vor und in zahlreichen Hotels.

Goldfruchtpalme in Hydrokultur.

Beschreibung
Sie stammt aus Madagaskar und ist heute an vielen öffentlichen Plätzen subtropischer und tropischer Regionen zu Hause. Die Palme gilt hier, wo ihr keine Fröste Schaden zufügen können, als eine der schönsten Palmen überhaupt. Hier werden die aus Rhizomen wachsenden im Alter 9–15 m hoch.

Palmen im Portrait

Die attraktive Krone wird gebildet aus leicht überhängenden, elegant wirkenden Wedeln, an deren Seitenrippen 40–60 Paare 60 cm langer und 6 cm breiter Seitenblätter (Fiedern) einen hübschen grünen Fächer bilden. Aus den weiblichen Blüten entwickelt sich eine eiförmige, goldgelbe Frucht.
Bei uns erreicht die Goldfruchtpalme eine Höhe von 6 m. Allerdings muß man lange darauf warten, bis sie sich zu einem solchen Pflanzenriesen entwickelt. Es eignet sich auch nur *Chrysalidocarpus lutescens,* während die weiterhin benannten 24 Arten noch keine Rolle im Palmensortiment spielen.

Platzwünsche
Goldfruchtpalmen eignen sich sowohl für einen Daueraufenthalt im Zimmer oder Wintergarten als auch für eine attraktiv-tropische Begrünung der Terrasse oder des Gartens. Sie vertragen Sonne wie halbschattige Plätze (im Zimmer 600 bis 800 Lux) und sind deshalb vielseitig zu verwenden.
In einem bekannten wissenschaftlichen Werk fand ich den Hinweis, diese Palme nicht zu hell zu stellen, da sich die Blätter dann oft »krankhaft gelb« verfärben. Wir wissen heute, daß diese Färbung der Art *C. lutescens* einen natürlichen Vorgang darstellt und zudem noch gewünscht und bewundert wird. Aber über Geschmack läßt sich bekanntlich nicht streiten.

Pflegetips
Die Goldfruchtpalme schätzt im Zimmer Temperaturen um 18–22 °C, die nicht unter 15 °C absinken sollten. Sie verbraucht viel Feuchtigkeit, so daß man sie in einen stets mit Wasser gefüllten Untersetzen, stellt, wie das auch für Kokospälmchen, *Microcoeleum weddelianum,* empfohlen wird. Gedüngt wird von März bis September 14täglich mit einem Flüssigdünger für Zimmerpflanzen. Wieviel Dünger, steht auf der Packung.

Vermehrung
Die Anzucht aus Samen, der nach 30–40 Tagen keimt, ist unproblematisch. Aussaat in einem Zimmergewächshaus mit Bodenheizung ist zu empfehlen. Nach der Keimung genügen den jungen Pälmchen Temperaturen um 18 °C völlig, um zügig zu wachsen.
Auch hier gilt, wie bei *Chamaedorea elegans,* 3 Pflanzen in einen am Anfang kleinen Topf zu setzen. Das macht gleich mehr her.

Kokospalme
Cocos nucifera

Sie ist die bekannteste Fruchtpalme, die es gibt, und mit unseren Vorstellungen von der Üppigkeit tropischer Flora eng verbunden. Wer noch keine Kokospalme an ihrem natürlichen Standort sah, hat doch auf jeden Fall von den aus Kokosnüssen gewonnenen Produkten

Palmen im Portrait

etwas gegessen, wie zum Beispiel Speisefett (Palmin), Margarine oder Kokosflocken. Im Handel sind auch ganze Nüsse, die mit festem, schmackhaftem Fruchtfleisch und Kokosmilch gefüllt sind.
Die Stämme werden als Bau- und Möbelholz verwendet. Aus dem gezapften Saft vor und während der Blütezeit wird Palmwein und Arrak hergestellt.
Die reifenden Früchte liefern vom achten Monat an ein erfrischendes, nährstoffreiches und süßes Getränk. Auch für die harten Nußschalen gibt es Verwendungsmöglichkeiten. Sie dienen als Heizmaterial, zur Herstellung von Holzkohle und Haushaltsgeräten. Die Eingeborenen sagen, daß die Kokospalme so vielseitig genutzt werden kann, wie das Jahr Tage hat.

Herkunft

Die Herkunft der Kokospalme ist umstritten. Man weiß nur, daß die Nüsse den Eingeborenen der Südsee und Südasiens seit 4000 Jahren als Nahrungsmittel gelten. Wissenschaftler geben als Urheimat Polynesien, andere die Inselwelt an der Pazifikküste Panamas an. Wahrscheinlich bleibt die Wahrheit im dunkeln. Fest steht jedenfalls, daß Kokospalmen vor allem die Küstenstrecken der Tropen, und zwar in der Alten wie in der Neuen Welt, besiedeln.
Bei der Verbreitung sind klimatische Grenzen gesetzt. So braucht die Kokospalme eine mittlere Jahrestemperatur von 27 °C und rund 1200–2000 mm Niederschlag. Die Kokospalme ist deshalb fast nur an den Küsten zu finden. Sie kann aber auch bis zu 150 km an Flußufern ins Landesinnere eindringen und in Afrika und Peru sogar in größere Höhen aufsteigen.

Verbreitung

Meist bleibt sie jedoch in Küstennähe, wo ihre Nüsse angeschwemmt werden und bald zu keimen beginnen. Die Nüsse scheinen in allen Weltmeeren der wärmeren

Kokospalme im Topf.

Kokospalmen wie sie Touristen von vielen Stränden kennen.

Regionen herumzuschwimmen und so für ihre Verbreitung zu sorgen. Nachgewiesen wurde, daß die Nüsse durch Meeresströmungen 4500 km weit driften können und dabei nach mehrmonatigem Aufenthalt im Wasser noch keimfähig bleiben. Das ist der Grund für das weltweite Vorkommen, denn überall, wo eine Kokosnuß auf einen gut durchlässigen Sandboden trifft und wo das Sonnenlicht nicht durch andere Bäume ferngehalten wird, findet sie den Standort, den sie mag. Sie ist dabei so lichthungrig, daß sich ihre Stämme zum offenen Meer hin vornüberbeugen.

Beschreibung

Cocos nucifera – der Name entstand aus dem griechischen kokkos = Beere, Frucht – ist die einzige Art ihrer Gattung. Die nicht nur als Nutz-, sondern auch als Zierpflanze anzusehende Art erreicht Höhen bis zu 30 m. Sie steht am Strand meist auf Elefantenfuß-artigen Stammenden, die ihr bei Stürmen Halt geben. Oben in der Krone trägt sie einen Schopf aus 20–30 vornübergeneig-

Palmen im Portrait

ten Fiederblättern (Palmwedel), die 6 m (!) lang und 15 kg schwer werden können. Allein aus diesen Größenangaben wird die Riesengestalt dieser Palme deutlich.

Die rispenförmigen Blütenstände erscheinen in den Blattachseln. Nur wenigen weiblichen Blüten stehen etwa 200–300 männliche gegenüber. Nach der Befruchtung der weiblichen Blüten bildet sich in 12 Monaten die harte, faserige Frucht, die als Steinfrucht bezeichnet wird. Der Same befindet sich im Innern des Steinkerns und besteht aus einem Embryo, der in einem umfangreichen Nährgewebe liegt. Während des mehrmonatigen Keim- und Jugendstadiums bildet die junge Kokospflanze ihr einziges Keimblatt zu einem großen Saugorgan um, das das Innere des Steinkerns fast völlig ausfüllt und allmählich »aussaugt«.

Kokospalmen daheim

Im Zimmer bleiben uns die Kokospalmen 1 Jahr, höchstens 2 Jahre erhalten. Länger »lebt« sie im Gewächshaus bei gleichmäßigen Temperaturen. Wenn möglich, stelle man sie von Mai bis September ins Freie, auf den Balkon oder in den Garten, am besten dorthin, wo die Mittagssonne nicht scheint. In unseren Breiten ist die Kokospalme sonnenempfindlich.

Wärme kann sie dagegen genug bekommen, draußen sowieso und in der Wohnung 20–23 °C. Steht sie ganzjährig im Zimmer, empfiehlt es sich, für Lüftung durch Offenhalten der Fenster zu sorgen.

Genauso wichtig wie eine regelmäßige Luftzufuhr im Sommer ist die Luftfeuchtigkeit. Im Gewächshaus gibt es da keine Probleme, nur im Zimmer muß man sich schon die Mühe machen, die ganze Pflanze von oben bis unten zu besprühen. Das kann in der Badewanne, auf dem Balkon oder im Garten geschehen. Hauptsache: so oft wie nur möglich.

Gegossen wird von Mai bis September reichlich; dann werden die Was-

Kokospalmen-Blüte.

Palmen im Portrait

sergaben eingeschränkt, soweit es die Zimmertemperatur zuläßt. Dünger bekommen die Pflanzen von Mai bis August alle 14 Tage in Form eines handelsüblichen Flüssigdüngers für Zimmerpflanzen.

Vermehrung
Wenn wir uns auch an der Kokospalme nur kurze Zeit erfreuen können, so verschafft sie uns doch einen Einblick in den Keimvorgang eines der größten Samenkörner der Welt. Man sollte sich deshalb immer entweder eine gerade eben gekeimte Nuß besorgen oder eine Nuß, deren Sproß möglichst klein ist. Töricht wäre, sich die größte Pflanze herauszusuchen.
Die Keimung dauert ungefähr 6 Monate. Es empfiehlt sich, die angekeimten Nüsse vorerst bei einer Fußtemperatur von 20–25 °C auf feuchtes Moos zu legen. Eingepflanzt in Fertigerde wird erst dann, wenn die Wurzel zu sehen ist. Dabei soll die Nuß zum größten Teil aus der Erde herausragen. Dann wächst die Kokospalme mit ihren im Jugendstadium der *Howeia* ähnelnden Blättern schnell heran.

Rotstielpalme
Cyrtostachys renda

Was an diesen buschartig wachsenden, ziemlich niedrig bleibenden Fiederpalmen wunderschön anzusehen ist, sind die feuerrot gefärbten Blattstiele und Stämmchen. Sie leuchten von weitem durch die Färbung der vielen aufrecht stehenden, etwa 1–2 m breiten Fiederblätter. Eigentlich auf Sumatra zu Hause, wo sie einen Standort an Flußufern bevorzugt, ist sie heute im ganzen südasiatischen Raum (Malaysia) zu finden. Ihr botanischer Name stammt aus dem Griechischen (kyrtos = krumm, gebogen und stachys = Ähre) und beschreibt die zwischen den Wedeln sitzenden Blüten.
Wegen ihrer Schönheit und ihres langsamen Wuchses – die Rotstielpalmen erreichen selten eine Höhe von 10 m – wurden sie zu einer gesuchten Palmenart für große Privatgärten, Alleen und öffentliche Anlagen. So ist zum Beispiel das Wasserpflanzen-Souterrain im herrlichen Botanischen Garten zu Singapur mit diesen prächtigen Buschpalmen attraktiv umpflanzt.

Rotstielpalmen daheim
Bereits junge, halbmeterhohe Pflanzen zeigen sich mit rotgefärbtem Stamm und Stielen. Wer Samen ergattern kann, braucht nach der Aussaat nicht allzu lange zu warten: bereits nach 2 Monaten keimen sie. Rotstielpalmen brauchen Wärme: im Zimmer oder im Gewächshaus sollten die Temperaturen nie unter 18–20 °C absinken.

Rotstielpalme, *Cyrtostachys*

Palmen im Portrait

Euterpe

Sie gehören mit ihren bis zu 45 m hohen Stämmen zu den größten Palmen der Welt – bei einem geringen Stammdurchmesser von maximal 50 cm, so daß sie extrem schlank und rank wirken. Vielleicht hat das den Namensgeber bewogen, sie nach der Muse der Lyrik Euterpe zu nennen. Aus den Früchten fast aller 50 Arten der Gattung läßt sich ein in den Tropen der Alten Welt beliebtes Beerenmus gewinnen, das nach Vergärung zu einem süßen Likör wird.

Eine reizvoll anzusehende Sammlung von *Euterpe*-Palmen bewunderte ich im Botanischen Garten von Rio de Janeiro, dort wo die Pflanzen des Gartens in die freie Landschaft der Zuckerhutberge übergehen. Kohlpalmen mit bis zu 30 m hohen Stämmen bevorzugen die sumpfigen Flußufer Brasiliens. Wer sie sucht, wird sie dort finden.

Euterpe edulis, Assaipalme

Die etwa 25 m hohe Assaipalme ist in Paraguay und Brasilien bekannt wegen ihrer dunkelvioletten bis schwarzblauen Beerenfrüchte, aus deren süßem, saftigem Fruchtfleisch, das man durchweicht und filtriert, ein pflaumenblaues Getränk mit Namen Assai wird.

Euterpe oleracea, Kohlpalme

Das gleiche Getränk wird auch aus den Früchten dieser Art hergestellt; darüber hinaus werden die jungen Sprosse als Palmkohl zubereitet. Dazu verwendet man die noch geschlossenen Blätter und Blattknospen, die gekocht oder roh als Salat verzehrt werden.

Assai- und Kohlpalmen daheim

Da diese hübsche Südamerikanerin schnell keimt und auch rasch heranwächst, ist sie heute für Blumenfreunde keine Unbekannte mehr. Sie ist schon als Jungpflanze attraktiv, und so hat man seinen Spaß an der schnellen Entwicklung dieser Palmenart. Die Ansprüche sind leicht zu erfüllen: gleichmäßige Temperaturen von +15–20 °C, nie kälter, und ein Lichtbedarf von 800 Lux, also ganz normale Lichtverhältnisse. Ganz besonders gut gedeihen diese Palmen in Hydrokultur oder in einem mit Wasser gefüllten Untersatz.

Vermehrt wird durch Samen, der bereits nach 30 Tagen keimt. Das kann manchmal auch länger dauern, weil er unregelmäßig aufgeht.

Kentiapalme
Howeia

Sie ist der Inbegriff der Zimmerpalme, früher wie heute. In der sogenannten guten alten Zeit, so um die Mitte des vorigen Jahrhunderts bis zum 1. Weltkrieg, beherrschte sie die eleganten Salons und die »gute Stube« des Bürgertums. Der österreichische Maler Makart hat sie auf seinen Bildern, zusammen mit Plüsch und Nippes, verewigt.

Herkunft und Beschreibung
Die schönen Fiederpalmen verschwanden dann ein halbes Jahrhundert aus den meisten Wohnungen, um heute wieder einen hohen Beliebtheitsgrad zu erreichen. Das hat gute Gründe: Man hat ihre Anspruchslosigkeit und Robustheit neu entdeckt, und ihre nicht allzu hohen Lichtansprüche machen einen Aufenthalt mitten im Zimmer möglich.
Diese schmal aufrecht wachsenden Palmen mit ihren dunkelgrünen, waagerecht stehenden oder hängenden Blattfiedern bringen Blattstiele bis zu 3 m Länge hervor. Ihren Gattungsnamen erhielten sie nach den Lord-Howe-Inseln (Hauptstadt: Kentia), einer Inselgruppe in der Südsee, von der sie stammen. 2 Arten sind erhältlich: *Howeia belmoreana,* benannt nach dem Earl of Belmore, der im Jahre 1868 das Amt des Gouverneurs von Neusüdwales bekleidete, und *H. forsteriana* nach William Forster, Senator in dem gleichen australischen Bundesstaat.
Die beiden Arten sind kaum auseinanderzuhalten, was den Palmenfreund auch nicht weiter zu interessieren braucht, da ihre Lebensansprüche sich nicht voneinander unterscheiden.
Wer es ganz genau wissen will, dem

Kentiapalme, *Howeia belmoreana*

sei gesagt, daß bei *H. belmoreana* im Altersstadium die ohnehin sich vornüberneigenden Zweige noch stärker überhängen, was ihr ein besonders wirkungsvolles Aussehen verleiht. Andere wieder schätzen *H. forsteriana* mehr, weil sie aufrechter wächst und deshalb auch eher in beengte Zimmerverhältnisse paßt. Schön aber sind sie beide.

Platzfragen
Die Kentiapalmen eignen sich sowohl für einen Daueraufenthalt im Zimmer als auch für einen sommerlichen »Erholungsurlaub« auf der Terrasse oder im Atrium. Hier brauchen sie Schutz vor Wind und Zugluft und vor allem vor den sengenden Strahlen der Sonne, die braune Brandflecken an ihren Blättern hervorruft. Dies gilt auch für das Zim-

Palmen im Portrait

mer. Ein Platz in der Nähe der sonnenbeschienenen Fensterbank ist gefährlich! Die Sorge vor Sonnenbrand hat aber auch wieder ihr Gutes, weil diese Pflanzen von Haus aus einen lichtabgewandten (aber keineswegs dunklen) Standort schätzen und deshalb ebenso im Zimmer an einer lichtunbegünstigten Stelle befriedigend wachsen. Und von denen gibt es in den Wohnräumen allzu wenig.

Mit Palmen verbindet sich eigentlich das Bild von Sonne und Hitze, so daß es seltsam erscheint, die *Howeia* im Schatten leben zu lassen. Die Erklärung ist einfach: Die jungen Pflanzen wachsen in ihrer Heimat im Schatten großer Bäume heran und werden nur selten von Sonnenstrahlen getroffen. Da wir fast immer nur junge Palmen kaufen oder geschenkt bekommen, sollte diese Jugendentwicklung berücksichtigt werden. Auch deshalb, weil sich die Palmen im Alter nicht mehr umstellen. Übrigens, wer *Howeia*-Arten im Gewächshaus hält, muß sie stärker schattieren als andere Gewächse.

Düngen und Gießen

Beim Gießen haben diese Palmen keine Sonderwünsche, sondern werden mit Wasser versorgt wie andere Zimmerpflanzen auch. Die Höhe der Wassergaben richtet sich also nach der Zimmmertemperatur. Im Sommer sollten die Töpfe, vor allem die der im Freien stehenden Palmen, nach Bedarf etwa alle 14 Tage in Wasser getaucht werden, und zwar so lange, bis keine Bläschen mehr an der Wasseroberfläche erscheinen. Bei einem kühlen Standort (Diele, Schlafzimmer) im Winter wird das Gießen etwas eingeschränkt. Dagegen ist in der gut geheizten Stube soviel zu gießen wie im Sommer.

Dankbar sind auch diese Palmen für Duschbäder in der Badewanne oder für oftmaliges Abspritzen der Wedel im Freien. Damit dabei die Erde nicht pitschnaß wird, empfiehlt es sich, den Topf mit Alu-Folie oder anderer Folie abzudecken. Sonst führt das zu einer Versauerung der Erde, was braune Blattspitzen zur Folge hat.

Wenn die Pflanzen im Winter in gut geheizten (um 22 °C) Räumen stehen, sollte man sie so oft wie nur irgend möglich mit einer feindüsigen Spritze besprühen. Das beseitigt nicht nur den porenverstopfenden Staub von den Blättern und Trieben, sondern sorgt für eine wenn auch nur kurze Abkühlung der gesamten Pflanze, die diese ganz offensichtlich genießt.

Gedüngt werden *Howeia* wöchentlich von Mai bis September am besten mit einem leicht zu verteilenden Flüssigdünger.

Die *Howeia*- oder Kentiapalmen schmückten schon um die Jahrhundertwende die gute Stube.

Howeia fosteriana

Umtopfen

Umgetopft wird nach Bedarf, wenn die Wurzeln nach oben aus dem Topf drängen. Die Zeitabstände sind also unterschiedlich. Vor allem junge Pflanzen sollte man die ersten Jahre in Ruhe lassen. Zu empfehlen ist nur das (vorsichtige) Auflockern der obersten Erdschicht mit einem Pikierstab oder einem nicht zu dikken Hölzchen.

Früher wurden alle Palmen in schmalen, hohen Gefäßen, den »Palmentöpfen«, angeboten. Wer sich zum Umtopfen solche besorgen kann, sollte davon Gebrauch machen. Sie sind meist in Baumschulen oder Garten-Center als schwarze »Container« aus stabilem Kunststoff erhältlich. Aus Ton stellen sie eine reizvolle und milieugerechte Rarität dar.

In diese Gefäße werden vorher Tonscherben gelegt, etwa 5 cm hoch, um einen guten Wasserabzug zu garantieren. Erde, die über lange Zeit naß bleibt und nur schlecht gelüftet ist, versauert leicht, und das führt zu Wachstumsstockungen und unbefriedigendem Wachstum. Verwendung finden kann jede gute, in Fachgeschäften erhältliche Blumenerde, die nach dem Einsetzen der Pflanzen leicht angedrückt wird. Ein Tip von Palmenspezialisten: der Blumenerde (wenn man hat) grobe Lauberde zufügen.

Blumenfreunde, die auch einen Garten besitzen, können sich einen Lauberde-Komposthaufen anlegen. Früher war Lauberde die feinste Erde, die in den Gärtnereien verwendet wurde.

Vermehrung

Vermehrt werden die *Howeia*-Arten durch Samen, der bei 25–30 °C Bodenwärme am schnellsten keimt. Das ist allein schon deshalb wichtig, weil die Keimung mehrere Monate dauern kann.

Die Jungpflanzen brauchen in den ersten 2 Jahren eine Zimmertemperatur von 20 °C, sonst kommen sie nur schlecht voran. Auf jeden Fall müssen sie vor Sonne geschützt werden. Die ist genauso ungesund wie allzu feuchte Erde.

Palmen im Portrait

Strahlenpalme
Licuala

Wer nach Penang (malaiisch Putau Pinang = Insel der Betelpalmen) kommt, sollte sich als Souvenir einen sogenannten Penang-Stock besorgen oder zumindest ansehen. Diese »Penang Lawyers« sind aus den jungen Stämmchen der Strahlenpalme, *Licuala acutifida,* gefertigt, die ziemlich schwer sind.
Die Blätter dieser attraktiven Palmengattung sind fächerartig und kreisrund geformt. Sie eignen sich hervorragend als Fächer, werden aber von den Eingeborenen zumeist als Hüte verwendet.

Herkunft und Verbreitung
Die Malaien nennen diese Palme in ihrer Landessprache »Palas«. Es gibt 90 Arten, deren Verbreitungsgebiet sich von Indonesien über Malaysia und Neu-Guinea bis hin nach Nordaustralien erstreckt. Sie bleiben niedrig und wachsen zu kleinen Büschen im Unterwuchs der tropischen Regenwälder heran. Besonders schnell ist die in Neubritannien und Espiritu Santo (Neue Hebriden) beheimatete *L. grandis,* die 2 m Höhe erreicht. Fast so groß werden die 1,2–1,5 m langen Blütenstände, an denen sich steinfruchtartige, karminrote Früchte bilden.

Strahlenpalmen daheim
Wo viel Platz ist und ganzjährig für gleichmäßige Wärme gesorgt wird, kann auch diese Palme ein Schmuck des Wohnzimmers sein. Vermehrt wird durch Samen, der allerdings ziemlich langsam keimt. Auch der »Sprößling« wächst nicht auf die schnelle heran. Geduld belohnt er jedoch durch die Schönheit seiner Blätter. Sonne darf an sie nicht heran. Auch deshalb bleibt die Pflanze ein Stubenhocker und

Licuala, die Strahlenpalme wächst auch im Zimmer, wenn die Temperaturen gleichmäßig hoch sind und sie an einem Platz ohne Sonne stehen kann.

Palmen im Portrait

kommt nur zum Abspritzen kurz nach draußen.
Besonders wichtig: die durstigen Palmen wollen genauso wie Kokospälmchen *(Microcoelum)* und Rotangpalme *(Calamis)* stets in einem wassergefüllten Untersatz stehen.

Livistona

Livistonien sind für europäische Pflanzenfreunde keine unbekannte Pflanzengattung. Von den 24 in Südostasien, Neu-Guinea und Australien beheimateten Arten wachsen einige in Südeuropa im Freien. Andere, wie *L. australis* und vor allem *L. chinensis,* waren gegen Ende des vorigen Jahrhunderts in den Stuben wohlsituierter Bürger zu finden. (*L. chinensis* hieß damals *Latanica borbonica.*) Sie sind wieder zu haben, genauso wie die rundblättrige *L. rotundifolia,* während man nach *L. mariae* wohl (noch) vergeblich fahnden muß.

Livistona australis
Die Art ist vor allem im Südostasien verbreitet, wo sich in feuchten Regenwäldern Stämme von 25 m Höhe entwickeln. Dementsprechend groß sind die Fiederblätter, die sich am Ende des Stammes befinden und einen 2–3 m langen Stiel bilden.

Livistona chinensis
Immerhin 15 m hoch werden die Stämme in ihrer südchinesischen Heimat. Selbst in den großen Palmenhäusern bilden sie noch 8–10 m hohe Stämme. In der am Stammende befindlichen breiten Blattkrone (Durchmesser 7–8 m) entwickelt sich ein langer, gelber Blütenstand, an dem später kleine, blaugraue Früchte entstehen, die man in China Latanen-Äpfel nennt, abgeleitet von der früheren Bezeichnung *Latania.* Die Frucht ist eßbar wie auch die Herztriebe, die als Palmkohl verzehrt werden. Das gilt auch für die Triebe von *L. australis.*

Livistona rotundifolia
Diese rundblättrige Art stammt aus Java, wo sie zu 10–14 m hohen Bäumen heranwächst. Auch sie blüht gelb und schmückt sich später dann mit schwarzbraunen Beerenfrüchten. Für den Pflanzenliebhaber ist sie allein schon deshalb interessant, weil sie als junge Pflanze recht ungewöhnliche, kreisrunde Blätter bildet.

Livistonien daheim
Alle 3 Arten können vor allem wegen ihrer schönen Blätter als Zimmerpflanzen empfohlen werden. Was sie brauchen, ist ein heller Platz im Zimmer, nährstoffreiche Erde, 14tägliche Düngegaben in den Monaten März bis Oktober und gleichmäßige Temperaturen von 12–14 °C. Es kann auch wärmer sein; dann müssen die Livistonien aber noch näher ans Licht und mehr Wasser erhalten.

Die Seychellennußpalmen im Vallée de Mai auf der Insel Praslin.

Seychellennußpalme
Lodoicea maldivica

Besucher der Seychellen sollten nicht versäumen, den »Vallée-de-Mai-Nationalpark« auf der Insel Praslin zu besuchen, weil nur dort und auf Curieuse diese ungewöhnlichen Palmen zu finden sind. Ungewöhnlich deshalb, weil sie die größten Samen im Pflanzenreich hervorbringen, die berühmten Seychellennüsse, von denen eine einzige 10–25 kg wiegen kann und das bei einem Umfang von 2 m, wobei der Steinkern eine ungefähre Länge von 45 cm und eine Dicke von 25 cm aufweist.

Überhaupt ist fast alles an dieser Palme Superlativ. Die bis zu 30 m hohen Stämme beginnen erst nach dem dreißigsten Lebensjahr zu blühen und Früchte zu bilden. Das tun sie übrigens auch, wenn sie busch-

Palmen im Portrait

Früchte (mit Faserhülle).

artig wachsen, also keine Stämme bilden. Dabei dauert es etwa 6 Jahre von der Bestäubung der vanilleartig duftenden Blüten bis zur Reife. Das Alter der 30 m hohen Palmen wird auf 600–800 Jahre geschätzt. Leider muß damit gerechnet werden, daß die *Lodoicea* ausstirbt, da die Zahl der fruchtenden Bäume immer mehr zurückgeht. Das liegt u. a. am großen Interesse an den Früchten, das seit langem besteht.

Solange die Nuß keimfähig ist, ist sie schwerer als Wasser und kann deshalb nicht von Meeresströmungen verbreitet werden. Bäume, die man in anderen Ländern findet, stammen also alle aus Samen, die auf den Seychellen gesammelt wurden. Ältere, nicht mehr keimfähige Früchte gelangten allerdings durchaus auf dem Meeresweg an andere Küsten, besonders häufig auf die Malediven (Artname *maldivica*) und nach Indien. Da man sie dort nicht kannte, glaubte man, sie stammten von einem geheimnisvollen Unterwasserbaum und nannte sie »Coco de Mer« (Meereskokosnuß).

Die Bezeichnung »Doppel-Kokosnuß« verweist auf den Samen, der aussieht, als wären zwei große Kokosnüsse miteinander verbunden. Diese Form erinnert gleichzeitig an die weibliche Unterleibsanatomie, weshalb man auf den Seychellen die deftige Bezeichnung »Weiberhintern« gebraucht. Die Biologen drücken sich gewählter aus: sie nennen die Nüsse scherzhaft »Podex botanicus«.

Die Küstenbewohner Indiens oder Afrikas, gleich wo auch immer die Nüsse angeschwemmt wurden, zerrieben sie und nahmen das Pulver als Hilfe gegen Männerschwäche. Die Könige und Fürsten, Maharadschas und Scheichs machten re-

Samen (Inneres der Frucht).

Palmen im Portrait

gen Gebrauch davon und zahlten Unsummen für ein Pülverchen. Dem Vernehmen nach bis zu (umgerechnet) 10000 DM.
Doch damit nicht genug. So glaubte man, daß dieses Nußpulver nicht nur eine kräftigende Wirkung hatte, sondern als Mittel gegen alle Gifte dieser Welt helfen würde. So sollen manche Potentaten der afrikanischen, indischen und südostasiatischen Region ganze Schiffe für eine Frucht »bezahlt« haben. Die Medizinmänner haben schon damals gut verdient. Man raunte sich zu, daß die »Seekokosfrüchte« unter Wasser an riesigen Bäumen wachsen würden und daß jeder den Tod erleide, wenn er ein Blatt oder den Stamm berühre.

Kokospälmchen
Microcoelum weddelianum

Schon der botanische Name, zusammengesetzt aus den griechischen Worten mikros = klein und koilon = Höhlung, weist darauf hin, daß es sich um keine Riesenpalme handelt.

Herkunft und Beschreibung
Tatsächlich erreicht der Stamm des Kokospälmchens (früher *Cocos weddeliana*) nur eine Stammhöhe von 150 cm, wobei die Blätter etwa 100 cm herabhängen, mit bis zu 50 cm langen Fiedern an jeder Seite. Sie sieht aus wie die Miniaturausgabe der großen Kokospalme und ist deshalb auch allen Blumenfreunden zu empfehlen, die keinen Platz für hohe Palmen besitzen und doch eine haben möchten.
Vom Kokospälmchen gibt es nur 2 Arten auf der Welt, die beide in den Urwäldern des südamerikanischen Kontinents beheimatet sind. »Unsere« Zwergpalme stammt aus den tropischen Regenwäldern Brasiliens. Wegen dieser Herkunft muß auch das Kokospälmchen in der Wohnung anders behandelt werden als die anderen Palmen, die im Trockenklima der Wüstengebiete zu Hause sind und deshalb auch die Wohnungsverhältnisse besser vertragen.

Platzwünsche
Erst einmal, dieses kleine Fiederpälmchen ist ein Stubenhocker. Deshalb sollte sie stets im Zimmer bleiben, wo die Temperaturen nie unter 18 °C absinken. Höhere Temperaturen wären noch besser. Besonders gut wächst sie in einem geschlossenen Blumenfenster zusammen mit anderen anspruchsvollen Urwaldbewohnern wie zum Beispiel Orchideen, aber nur mit solchen, die die gleichen Wärme- und Luftfeuchtigkeitsansprüche stellen. Dabei ist gut zu wissen, daß die meisten Orchideen zu den Pflanzen gehören, die mit einem kühleren Standort vorliebnehmen.

Kokospälmchen, *Microcoelum weddelianum*

Wasser und Dünger

Der Wasserbedarf ist beträchtlich. So wächst das Kokospälmchen dann zu unserer Zufriedenheit, wenn der Topf das ganze Jahr über in einem mit Wasser gefüllten, nicht zu kleinen Untersatz steht. Übertöpfe eignen sich nicht, weil man den Wasserstand nicht kontrollieren kann. Wenn das Wasser längere Zeit nicht aufgesogen wird, sollte es weggeschüttet und nach 2–3 Tagen durch neues ersetzt werden. Wir sollten uns auch die Mühe machen, das Leitungswasser vorher abzukochen. Es lohnt sich.

Die Wünsche nach hoher Luftfeuchtigkeit werden durch häufiges Besprühen der Wedel erfüllt. Passionierte Palmenliebhaber machen das im Winter, wenn besonders trockene Luft herrscht, täglich. Zu dieser Zeit sollten die Pflanzen einen Platz direkt am Zimmerfenster bekommen, auf jeden Fall aber weit von der Heizung entfernt, also dort,

Palmen im Portrait

wo es am kühlsten ist. Der Sinn dieses »Umzuges« ist durch ihren Standort im feucht-warmen Regenwald begründet. Steht das Kokospälmchen allzu lufttrocken, zum Beispiel direkt über der Heizung, kommen bald braune Blattspitzen zum Vorschein. Gedüngt wird von Juni bis August 14täglich mit flüssigem Blumendünger.

Umtopfen
Im Gegensatz zu anderen Palmen brauchen die Kokospälmchen weniger umgetopft zu werden, denn auch das Wurzelwachstum hält sich in Grenzen. Am geeignetsten sind schmale Tontöpfe (»Palmentöpfe«), in die zuerst eine Dränageschicht aus Topfscherben eingefüllt wird. Als Erde eignet sich Fertigerde aus dem Fachgeschäft, die mit Zusätzen von scharfem Sand luftdurchlässig gemacht wird, oder fertige Kakteenerde. Das Umtopfen ist mit großer Sorgfalt vorzunehmen, weil die Wurzeln unbeschädigt bleiben müssen.

Vermehrung
Die oft als schwierig angesprochene Vermehrung kann in einem auf 25–30 °C beheizten kleinen Vermehrungsbeet (in Fachgeschäften erhältlich) gelingen. Es empfiehlt sich, die Samen vorher 2 Tage in warmes Wasser zu legen. Keimdauer: 2–3 Monate. Die jungen Palmen sollte man später nicht einzeln, sondern zu dreien in einen nicht zu großen Blumentopf pflanzen.

Neodypsis

Es lohnt sich auf jeden Fall, diese ungewöhnliche Gattung kennenzulernen, auch deshalb, weil sie bereits von Fachgeschäften mit größerem Sortiment angeboten wird. Die Palme bildet im Gegensatz zu vielen anderen einen Stamm von nur 3–6 m Höhe, an dessen Ende ein Schopf 2,5 m langer Fiederblätter mit auffallend starken Mittelrispen sitzt. Die Wedel neigen sich an der Spitze leicht vornüber, was diese Palme so sehenswert macht. Der mehrfach verzweigte rispenförmige Blütenstand sitzt zwischen den Blättern.
Diese Palme, von deren Gattung 15 Arten bekannt sind, aber nur 1 Art kultiviert wird, ist *Neodypsis decaryi*. Sie stammt von der Insel Madagaskar, wo sie erst 1933 in den feuchten Waldzonen entdeckt wurde. Bislang war sie außerhalb Madagaskars nur in Florida zu sehen.

Neodypsis daheim
Sie gehört zu den wärmeliebenden Pflanzen, das heißt, die Nachttemperatur darf nicht unter 18 °C absinken. Zieht man diese Palme von klein auf heran, so akklimatisiert sie sich rasch und kommt auch mit geringeren (immer aber gleichmäßigen) Raumtemperaturen aus. Der Wasserverbrauch ist hoch. Ein Untersatz, in dem ständig Wasser nachgefüllt werden kann, ist zu empfehlen.

Palmen im Portrait

Dattelpalme
Phoenix

Einer *Phoenix*-Palme ist jeder schon begegnet. Sie sind in den subtropischen und tropischen Zonen Afrikas und Indiens genauso zu finden wie am Persischen Golf und an den Küsten des Mittelmeeres. In den Oasen Nordafrikas und Arabiens sorgen sie für Schatten, in dem die Bewohner kleine Gemüsegärten anlegen. Das gilt auch für die Kanarischen Inseln, für Sumatra, Madagaskar, Formosa und Taiwan.

Herkunft
Älter als 8000 Jahre sind die Hinweise auf diese Palmengattung. Der griechische Naturforscher und Philosoph Theophrast (372–287 v. Chr.) soll ihr den Namen gegeben haben. Auch der römische Naturkundler Plinius (23–79 n. Chr.) benutzte diese Bezeichnung, nicht nur für die Gattung *Phoenix,* sondern generell für alle Palmen. Na ja, schon zu seinen Lebzeiten waren die Erkenntnisse dieses Politikers und Gelehrten, der beim Ausbruch des Vesuvs (79 n. Chr.) umkam, sehr umstritten. Nach Meinung der Wissenschaftler gab es die ersten Dattelpalmen in den Gebieten rund um den Persischen Golf. Bald begann von hier aus ein schwunghafter Handel. Man exportierte bis ins ferne Griechenland, zum einen die Früchte, aber auch die großen Blätter, die zu den Festen in den Tempeln der Griechen verwendet wurden. Jahrhundertelang wurde die Palme von den Arabern hochgeschätzt, die sie bei der Eroberung Spaniens auf die Iberische Halbinsel brachten, wo sie sich bald verbreitete.
Bis auf den heutigen Tag blieb es in der katholischen Kirche bei der altgriechischen Sitte, Palmwedel am Palmsonntag weihen zu lassen, zum Gedenken an den Einzug Jesu in Jerusalem zu Palmarum (Sonntag vor Ostern), als ihm Palmzweige auf den Weg gestreut wurden. Im Norden, auch in Deutschland, wo keine Palmen, zumindest nicht in ausreichender Menge, wachsen, behilft man sich mit Buchsbaumzweigen oder Weidenkätzchen (»Palmkätzchen«).
Heute werden *Phoenix*-Arten in allen südlichen Ländern als Zierbäume hochgeschätzt und in Nordafrika und Südwestasien als Nutzpflanzen angebaut. Seit der zweiten Hälfte des 19. Jahrhunderts waren sie der vielbewunderte Mittelpunkt hochherrschaftlicher Parks, der Orangerien aber auch schon der großen Gärten des gehobenen Bürgertums und der Kurgärten. Man hielt sie in großen, schweren Kübeln aus Holz, die wegen des enormen Wachstums bei älteren Pflanzen ständig erneuert werden mußten. Weiß angestrichene Latten hielten Erde und Wurzeln zusammen. Zuerst waren es Echte Dattelpalmen *(Phoenix dactylifera),* die als Zierde schöner Gärten gehalten

Kanarische Dattelpalme, *Phoenix canariensis*, auf der Terrasse.

wurden. Wenig später verdrängten sie die Kanarischen Dattelpalmen, die heute zu den am meisten verbreiteten Zierpalmen gehören. Sie wachsen lockerer und sehen ganz einfach hübscher aus als ihre datteltragenden Verwandten.

Die Arten

Von der Gattung *Phoenix* sind 14 Arten bekannt, wobei die Dattelpalme und die Kanarenpalme die größte Rolle sowohl als Nutzpflanze, Zierbaum, Kübel- und Zimmerpflanze spielen. Dann gibt es noch die für den Zimmeraufenthalt besonders geeignete Zwergdattelpalme *(Phoenix roebelenii)* mit nur 1 m hohem Stämmchen.

Alle anderen haben mehr systematischen Wert: *P. paludosa* wächst in tropischen Gebieten Asiens und an der Westküste Malaysias mangrovenartig und erreicht eine Höhe bis 6 m. *P. reclinata* ist in den Tropen Afrikas zu Hause, gedeiht aber auch in subtropisch-tropischem Klima wie an den Küsten Floridas. Vor kurzer Zeit erst wurde im Osten Kretas *P. theophrastii* entdeckt, die

Palmen im Portrait

Dattelpalme, *Phoenix dactylifera*

Dattelpalme als Topfpflanze.

zusammen mit *Chamaerops humilis* somit die zweite im Mittelmeerraum beheimatete Palme ist. Im Gegensatz zur Echten Dattelpalme sind ihre Früchte ungenießbar.

Phoenix dactylifera
Echte Dattelpalme

Die Dattelpalme (Artname aus dem griechischen dactylos = Dattel) hat höhere, etwa 16–20 m große und schlankere Stämme als *Phoenix canariensis*. Die Wedel sind schmaler, steifer und oft blau überzogen. Ein weiterer Unterschied: die Krone wird aus weniger Blättern gebildet. Auch treten die durch abgefallene Blätter gebildeten Ansatzstellen (»Narben«) weniger in Erscheinung. Die Echte Dattelpalme ist leicht aus dem Kern zu ziehen, das wird oft auch deshalb notwendig sein, weil sie im Gegensatz zu *P. canariensis* und *P. roebelenii* selten als fertige Pflanze zu haben ist.

Im Zimmer macht sie uns dann keine Schwierigkeiten, wenn sie an einem luftigen und kühlen Platz (10–12 °C) überwintert wird. Für ältere Pflanzen braucht man mehr Platz, da die Echte Dattelpalme immer breiter wird. Sie sollte deshalb weniger in der Wohnung (dafür gibt es elegantere und schönere Palmen), sondern im Sommer als Kübelpflanze auf der Terrasse oder im Garten an einem Sonnenplatz aufgestellt und hier reichlich gegossen werden – getreu der arabischen Weisheit: »Fuß im Wasser und das

Palmen im Portrait

Haupt im Feuer des Himmels«, was übrigens auch für die Kanarische Dattelpalme gilt.

Phoenix canariensis
Kanarische Dattelpalme

Sie ist eine reine Zierpalme, bereichert Parks und andere großzügige öffentliche Anlagen in südlichen Breiten, aber auch in anderen Ländern, wo sie im Freien erfrieren würde. Hier zeigt sie im Sommer als Kübelpflanze ihre fremdländische Schönheit und hat als Inbegriff südländischer Flora längst einen festen Platz auf unseren Terrassen und Balkons eingenommen.

Wer eine junge Pflanze kauft, wird sie meist ohne Stamm erhalten. Auch sind die zuerst erscheinenden Blätter noch nicht gefiedert. Ein Erlebnis ist die Blüte der weiblichen Pflanzen; sie leuchten goldgelb bis orangerot. Nicht weniger reizvoll sind die aus diesem Farbfeuerwerk der Blüten erscheinenden zahlreichen, eiförmigen Früchte. Auch die Kanarische will wie die Echte Dattelpalme einen kühlen (5–10 °C), luftigen Überwinterungsraum und gehört im Sommer ins Freie, was nicht ausschließt, daß sie auch an einem hellen bis sonnigen Zimmerplatz, fernab vom nächsten Heizkörper, zur Zufriedenheit wachsen kann.

Dattelpalmen daheim

Beide beschriebenen Arten brauchen sonnige Standorte und reichlich Wasser. Trockenheit kann ge-

Kanarische Dattelpalmen im Ursprungsland (oben) und im Topf (unten). Hier bleibt sie ganz erheblich kleiner.

Palmen im Portrait

fährlich werden! Blattflecken zeigen diesen Schaden an. Zu empfehlen: den ganzen Topf ins Wasser stellen, bis der Wurzelballen sich vollgesogen hat.
Phoenix-Arten genießen es, vor allem in Trockenzeiten, täglich abgespritzt zu werden. Ich stelle dann einfach einen Regner, der das Wasser besonders fein versprüht, ein paar Stunden in die Palmen. Im Zimmer gehaltene Pflanzen erhalten diese lebensfördernden Duschbäder zusammen mit anderen Palmen in der Badewanne.
Die beiden Arten schätzen es auch, wenn je nach Wachstum alle 2 bis 3 Jahre umgetopft wird. Dabei sollte man nicht zu zimperlich vorgehen und den Ballen älterer, gut wachsender Palmen mit einem scharfen Messer verkleinern. Geschieht das nicht, so wird das Pflanzgefäß immer größer und damit unattraktiver und schwerer, was den Transport in das Winterquartier immer problematischer macht. Dattelpalmen nehmen dabei keinen Schaden.
Genauso wichtig wie regelmäßiges Gießen ist die wöchentliche Düngeversorgung von April bis September. Dabei darf man aber keinen Garten-, sondern Blumendünger verwenden. Gelbe Blätter oder zögerliches Wachstum ist beispielsweise auf Hunger zurückzuführen. Vermehrt wird durch Samen. Es dauert 2–3 Monate, bis *Phoenix*-Samen keimt. Die Entwicklung zu kleinen Pälmchen ist etwas langwierig.

Phoenix roebelenii

Phoenix roebelenii
Zwergdattelpalme

Sie ist eine der schönsten Zimmerpalmen, die im Sommer nicht ins Freie darf. Sie bildet in der Wohnung, in normal geheizten Räumen (die Nachttemperatur sollte nicht auf unter 14 °C absinken), ihre schlanken, bogenartig überhängenden Wedel an dünnen, nur 1–2 m hoch werdenden Stämmchen. Es ist die kleinste *Phoenix*-Art. Sie wird aber auch in anderen Ländern als Zierpalme angepflanzt. So sah ich sie an den langen Stränden Rio de Janeiros. Wer für seine Sammlung eine Dattelpalme sucht, sollte sich an diese Art halten.

Rutenpalme, Steckenpalme
Rhapis

Sie ist die Palme der Japaner und im Lande der aufgehenden Sonne besonders beliebt. Vor mehr als 300 Jahren gelangte sie aus China an den Hof von Tokio und wurde hier hochgeachtet. Sie bedeutet Macht und Würde. Wer etwas auf sich hielt, dem durfte die Steckenpalme nicht fehlen.

Heute freut man sich in Japan über ihre schöne Blattstellung und setzt sie in hübsch geformte, handgefertigte Porzellantöpfe, die ganz exklusiv, manchmal mit Gold verziert sind. Sie sollte auch in Europa mehr herangezogen und angeboten werden; bekannt ist sie eigentlich lange genug. 1774 kam die Art *Rhapis excelsa* zu der damals größten Pflanzensammlung der Welt nach Kew Gardens, aber erst 1840 nach Deutschland.

Beschreibung

Im ostasiatischen Raum wurden etwa 17 Arten gefunden. Sie alle wachsen buschförmig, bleiben klein *(R. humilis)* bis mittelgroß und bilden aufrechtwachsende, rohrartige, dem Bambus ähnelnde Stengel, weshalb sie auch ihren Namen (rhapis = Rute, Stecken) erhielten.
In der Zeit zwischen 1870 und 1914 waren sie in Deutschland sehr beliebt, weil sie gut aussahen, zurückhaltend wuchsen und in den gro-

Steckenpalme, *Rhapis excelsa*

ßen, aber meist recht dunklen Stuben des gehobenen Bürgertums zufriedenstellend gediehen. 2 Arten genossen diesen guten Ruf, die sich äußerlich recht ähnlich sind und sich vornehmlich durch das unterschiedliche Höhenwachstum voneinander unterscheiden.
Die größere von beiden heißt *R. excelsa* (syn. *R. flabelliformis*) und kann bis 5 m hoch werden, bei einem Stammdurchmesser von nur 4–5 cm. Der Stamm ist auf ansehnliche Weise in ein Netz von groben Fasern gehüllt. Die kleinen, handförmigen Blätter sind bis zum Blattgrund geteilt.
In allen oberirdischen Teilen kleiner und breiter präsentiert sich die als Zimmerpflanze mehr zu empfehlende *Rhapis humilis*. Daß sie klein bleibt (höchstens 1 m), verrät schon

Palmen im Portrait

der Artname (humilis = niedrig). Die aus Südostchina stammende Art besitzt feinere und dichtere Fasern und schmale Spitzen. Der Stamm mißt nur knapp 1–2 cm im Durchmesser.

Rutenpalmen daheim
Beide Arten sind problemlos und können zu den widerstandsfähigen Palmenarten gezählt werden. Einen Daueraufenthalt im Zimmer, allerdings bei Durchschnitts-Temperaturen von 16 °C, vertragen sie ohne weiteres, vor allem dann, wenn für frische Luft (Offenhalten der Fenster) oder eine Sommerfrische auf dem Balkon oder im Garten gesorgt wird.
Beide Arten wachsen besonders zufriedenstellend, wenn sie von den Eisheiligen an bis Ende September ins Freie dürfen. Wir stellen sie nach draußen, den Pflanzen, aber auch uns zuliebe, weil die Rutenpalmen wegen ihres lockeren Wuchses und ihrer kleinen Wedel leicht hin- und herzuschieben sind, und natürlich auch wegen ihres ursprünglichen Aussehens.
Sie passen gut zu anderen Palmen und blühenden Kübelpflanzen wie Bleiwurz *(Plumbago)*, Engelstrompete *(Datura)*, Granatapfel *(Punica granatum)*. Sie wirken aber auch, wenn sie ganz für sich allein stehen. Am liebsten mögen sie einen halbschattigen Platz, geben sich aber auch mit einem sonnenabgewandten Standort zufrieden.

Pflege-Tips
Die Pflege ist ähnlich wie bei *Chamaerops* (siehe dort). An ihrem Stubenplatz sollte es also hell, aber nicht sonnig, und kühl (ideal 16 °C) sein. Bei der Überwinterung wären niedrigere Temperaturen (5–10 °C) besser. Erfreulich für Rutenpalmen, die dauernd im Zimmer stehen und für die Besucher von Überwinterungsquartieren: Die Rutenpalme nimmt mit erstaunlich wenig Licht vorlieb, was nicht heißt, daß man sie in die äußerste Ecke verbannen kann.
Am schnellsten und sichersten geht die Vermehrung durch Abtrennen der Ausläufer vor sich. Die können gleich eingetopft werden, weil sich schon Wurzeln dran befinden.

Nikanpalme *Rhopalostylis*

Von der Gattung *Rhopalostylis,* die nur 3 Arten zählt, eignet sich *R. sapida* wegen ihrer Robustheit besonders als Zimmer- und Kübelpflanze. Sie bildet an ihrem heimatlichen Standort Stämme bis 9 m Höhe mit einem Durchmesser von rund 30 cm. Die Wedel erreichen eine Länge von 1,5–1,8 m. Die rispigen Blütenstände stehen steif vom Stamm ab und sitzen voller zartrosa bis purpurn gefärbter Blüten.
Daraus werden dann nach der Befruchtung eiförmige, braune Beeren, die man essen kann, worauf

Palmen im Portrait

auch der Gattungsname (*sapida* = schmackhaft) verweist. Ihr natürliches Vorkommen liegt auf den Norfolk-Inseln und Neuseeland.
Die Art *R. baueri* unterscheidet sich von *R. sapida* durch die rotgefärbten Früchte und den niedrigeren (Stämme bis zu 6 m), kräftigeren Wuchs. Beide Arten erfreuen durch die Ringelung der Stämme und die gleichmäßig gefiederten Blätter, an denen eine stark ausgebildete Mittelrippe auffällt.

Nikanpalmen daheim
Mit Nikanpalmen hat man sowohl im Zimmer wie auch im Gewächshaus keine Probleme. Sie können sogar im Sommer wie *Phoenix*-Arten ins Freie. Ihnen genügt auch ein Überwinterungsraum mit Temperaturen von 8–14 °C. Besser ist jedoch ein winterlicher Aufenthalt im Zimmer oder im Wintergarten. Sonst stellen Nikanpalmen die gleichen Ansprüche wie die *Howeia*-Arten.
Die Vermehrung durch Samen kann gelingen. Die Keimdauer allerdings ist lang. Sie liegt zwischen 2 und 9 Monaten. Die jungen Pflanzen brauchen eine recht kräftige Erde, was auch für späteres Umtopfen gilt.

Königspalme
Roystonea regia

Wer nach Rio de Janeiro kommt, sollte auf jeden Fall den Botanischen Garten besuchen – der tropischen Flora wegen, die man in dieser Zusammenballung und Artenzahl in ganz Südamerika nicht an einem Ort findet. Der Jardim Botanico genannte Garten ist 141 Hektar groß und enthält 5000 verschiedene, katalogisierte Pflanzenarten. Der mit gutem Zimmerpflanzen-Wissen ausgerüstete Tourist wird, neben Palmen, hier und auch in den Straßen Rios eine große Menge von wohlvertrauten Gewächsen wiederfinden, wie Efeutute *(Epipremnum aureum* syn. *Scindapsus aureum)*, Kroton *(Codiaeum)*, Korallenkakteen *(Rhipsalis)* und eine Reihe von Bromelien, vor allem baumbewohnenden Tillandsien.
Die meisten zeigen sich aufgrund der idealen Lebensbedingungen, wie hoher Luftfeuchtigkeit und Wärme, mit größeren Blättern und intensiveren Blütenfarben.
Das Schmuckstück des Botanischen Gartens jedoch sind die Königspalmen, die, allein oder in Gruppen stehend, einen imposanten Anblick bieten. Hier aber haben sie sich in fast preußischer Akkuratesse zu einer gradlinigen, über 100 m langen Allee zusammengefunden, durch die die Schönheit der 25 m hohen, glatten, hellgrauen Stämme besonders zur Geltung kommt.
Wer Palmen-Schönheit erleben will, die durch nichts übertroffen wird, der sehe sich diese »Könige« an. Gekrönt werden die Stämme von einem Schopf mächtiger Fiederblät-

Palmen im Portrait

ter, die bis 8 m lang werden können. Etwa 2 m davon entfallen auf die weiche, glatte, grüne Blattbasis, die seit jeher zum Verpacken des kubanischen Tabaks und als »Dachziegel« für Hütten benutzt wird.

Herkunft und Beschreibung
Die Heimatländer sind Cuba und die Westindischen Inseln. Mittlerweile findet man sie auch in anderen Regionen (siehe Rio), und zwar überall dort, wo ihre Ansprüche an einen nährstoffreichen, tiefgründigen Boden erfüllt werden. Auf Ernährungsstörungen oder Klimawechsel reagiert die Königspalme durch Schwellungen und Einschnürungen am Stamm.

Imposant wie Stämme und Wedel sind auch die aufrechtwachsenden 1–1,5 m großen Blütenstände. Nach der Öffnung des riesigen Hüllblattes erscheinen aus dem Blütenstand eine große Anzahl weißgelber Blüten, die wie unscheinbare Perlenschnüre herabhängen. Aus den weiblichen Blüten entwickeln sich dann dunkelbraune bis blauschwarz gefärbte Früchte, die – wie prosaisch – wegen ihres Öl- und Stärkegehalts als Schweinefutter verfüttert werden.

Neben der Königspalme gibt es noch die größere, 40–50 m hohe Westindische Kohlpalme *(R. oleracea)*, die trotz ihrer Riesengestalt nicht an die Eleganz der »kleineren« Königspalme herankommt. Aus den Spitzen der Blätterschöpfe wird ein von Feinschmeckern geschätzter Palmkohl zubereitet.

Hanfpalme
Trachycarpus fortunei

Wer die Blumeninsel Mainau im Bodensee besucht, wird unter den vielen subtropischen Pflanzenschätzen, die den Winter im Freien verbringen, auch große Palmen finden. Es handelt sich dabei um Hanfpalmen, die als besonders wetterfest gelten und sogar einige Grad Frost vertragen. Das milde Klima, das auf der Mainau herrscht, macht es möglich, sie ganzjährig draußen zu lassen.

Bei allen Palmenfreunden, die nicht in dieser klimabegünstigten Gegend wohnen, wird sie überwintert wie andere Palmen und Kübelpflanzen.

Herkunft und Beschreibung
Die Hanfpalme, deren botanischer Name aus den griechischen Worten trachys = rauh und karpos = Frucht entstand, ist in Nordburma, Mittel- und Ostchina bis hin nach Südchina und im westlichen Himalaya-Gebiet zu Hause. In diesen Regionen mit ihrem oft unwirtlichen Klima wurde ihr die Winterhärte »anerzogen«.

Die Königspalme, *Roystonea regia,* hier im Botanischen Garten von Rio, ist die wohl schönste Palme der Welt.

Hanfpalmen, *Trachycarpus,* gelten als besonders wetterfest.

Insgesamt werden 8 Arten beschrieben, von denen sich nur *Trachycarpus fortunei* durchgesetzt hat und als einzige im Angebot zu finden ist. Ihr Artname *fortunei* verweist auf den bedeutenden Pflanzensammler Robert Fortune (1812–1880), der nach Indien die Teepflanze einführte, die auf diesem Subkontinent bald wirtschaftlich in hohem Maße genutzt wurde. (Noch heute tragen hervorragende Teearten indische Herkunftsnamen.)
In Europa wurde die Hanfpalme erstmalig 1795 und dann erst wieder im Jahre 1844 in England und Deutschland erwähnt.
Im Zusammenhang mit der Hanfpalme wird gelegentlich die Zwergpalme *(Chamaerops humilis)* genannt und auch mit dieser verwechselt, weil sie ihr in der äußeren Gestalt ähnelt. Wer die beiden auseinanderhalten will, der fasse die Blattstiele an: Bei der Hanfpalme sind sie ohne Stacheln, bei der Zwergpalme dornig gezähnt.
Im Gegensatz zu der Zwergpalme kann die Hanfpalme immerhin 4–12 m hoch werden, wobei die Stämme im oberen Teil dicht mit dunkelbraunen Fasern bedeckt sind. Hoch über dem Stamm steht ein dichter Schopf aus dunkelgrünen, fast runden, 50 cm im Durchmesser großen Blättern, die sich fächerförmig in viele schmale und starre Abschnitte teilen. Die 40–100 cm langen Blattstiele bestehen aus einem sehr zähen Fasergewebe, das den Chinesen seit Jahrhunderten als Material für Matten, Besen, Taue, aber auch für die Anfertigung von Regenmänteln und Hüten dient. Die

Palmen im Portrait

blauschwarzen Früchte sehen Weintrauben ähnlich.

Hanfpalmen daheim

Die Hanfpalme sollte nach Möglichkeit auf der Terrasse, im Vorgarten oder freistehend als tropische Rarität im Garten stehen. Sie ist also, wie die Zwergpalme, vorwiegend als Kübelpflanze einzusetzen. Auch der Wintergarten wäre zu empfehlen, wenn er regelmäßig gelüftet wird, was auch für den Überwinterungsraum gilt. Im Freien, wo sie von Ende April bis Anfang November bleiben kann, braucht diese Palme einen Platz an der Sonne.

Die Pflegemaßnahmen sind die gleichen wie bei der bereits erwähnten Zwergpalme oder auch der Rutenpalme *(Rhapis)*. Nur die Vermehrung sollte ausschließlich durch Samen erfolgen. Die Keimdauer ist kurz: sie beträgt nur 45–60 Tage. Es lohnt sich also, diese reizvolle und recht unkomplizierte Palmenart seinem Zimmerpflanzen-Ensemble einzuverleiben.

Ältere Hanfpalmen, *Trachycarpus fortunei,* in Lugano.

Palmen im Portrait

Washingtonia

Wie der botanische Name, den man auch als deutsche Bezeichnung führen sollte, entstanden ist, läßt sich unschwer erkennen. Diese Palme wurde nach dem ersten Präsidenten der Vereinigten Staaten benannt.

Bevor es aber soweit war, ging es um Politisches und allzu Menschliches und um einen Nomenklaturstreit über den berühmten amerikanischen Mammutbaum.

Zuerst hießen diese Riesen *Taxodium* und dann schließlich *Sequoia sempervirens*. Ein nationalbewußter Engländer, der 1853 in der kalifornischen Sierra Nevada den Riesenbaum sah, nannte ihn nach dem berühmten britischen Feldherrn Wellington verehrungsvoll *Wellingtonia*. Das wiederum ließ die US-Amerikaner nicht ruhen: sie bezeichneten den Baum als *Washingtonia*, bis einer ihrer Landsleute herausfand, daß er nach allen nomenklatorischen Gesetzen eigentlich *Sequoia-*

Washingtonia filifera, eine attraktive Palme mit großen Blattflächen.

Palmen im Portrait

dendron sempervirens heißen müßte. Der Gelehrte hatte recht, und bei diesem Namen blieb es bis heute. Nun mußte rasch eine andere Pflanze her, um die Ehre der US-amerikanischen Nation zu retten. Also nahm man eine in Kalifornien, West-Arizona und Nordmexiko wachsende Palmenart und nannte sie *Washingtonia*.

Beschreibung

2 Arten gibt es. *Washingtonia filifera* (*filifera* = fadentragend), die am heimatlichen Standort bis zu 22 m hohe und 1 m dicke Stämme entwickelt und durch viele Fäden an den Blättern auffällt. Die Blätter sind zu einem bis 2 m großen Blattfächer mit 50–70 graugrünen Einzelblättern zusammengefaßt. 3–4 m Länge erreichen die Blütenstände, die mit kleinen, weißen Blüten, aus denen steinfruchtartige, braunschwarze Beeren hervorgehen, besetzt sind. Die *Washingtonia* hat sich wegen ihres schlanken Wuchses und ihrer elegant überhängenden Blätter, aber auch wegen ihrer Robustheit viele Freunde erworben. Hollywood würde, wie ganz Kalifornien, ohne diese Palmen direkt etwas fehlen. Aber auch an den Küsten der Südstaaten ist sie nicht mehr wegzudenken und verschönt hier Parks und andere öffentliche Anlagen. Sie ist auch ein begehrtes Handelsobjekt. So sind die Gartencenter in San Francisco und Los Angeles mit *Washingtonia* gut bestückt. Als »Sonderangebot« fand ich sie sogar in dem von Wüstenklima umgebenen Las Vegas.

Weniger bekannt und auch nicht im Handel ist die – obwohl sie den Artnamen *robusta* trägt – frostempfindliche und sonst auch recht heikle *Washingtonia robusta*. Sie stammt im Gegensatz zu *W. filifera* aus Nordwest-Mexiko, dem südlichen Sonora und Nieder-Kalifornien. Sie besitzt auch keine Fäden oder zumindest nur in der Jugend, und diese verschwinden dann im Alter völlig. Aus den fleischfarbenen Blüten (bei *W. filifera* weiß) entwickelt sich eine Vielzahl erbsengroßer, dunkelbrauner Früchte.

Wer nach Kalifornien kommt, sollte den Palm Cañon besuchen, der sich ungefähr 40 km östlich von Banning, River Side County, erstreckt. Hier gibt es *Washingtonia robusta* in Hülle und Fülle, und alle sind von imponierender Schönheit und Größe. Dieser Cañon ist ein beliebtes Ausflugsziel.

Platzwünsche

Washingtonia filifera gehört wegen ihres Größenwachstums und auch wegen ihrer Abneigung gegen die Luft in geschlossenen Räumen zu den Kübelpflanzen mit einem Aufenthalt im Freien, auf der Terrasse oder im Garten. Auch für größere Balkons eignet sie sich, zumal deshalb, weil sie, im Herbst nah ans Haus gerückt und in Lochfolie verpackt, dort auch überwintern kann.

Palmen im Portrait

Sonst braucht sie ein helles Winterquartier mit Temperaturen um 5–8 °C.
Kleinere bzw. jüngere Exemplare können, da aus Samen von klein auf in der Wohnung gezogen, im Zimmer verbleiben. Besonders gut gedeihen sie an einer kühlen Stelle oder wenigstens weit weg vom nächsten Heizkörper.

Pflege
Braune Blattspitzen schneidet man möglichst bald ab, damit sich diese »Flecken« nicht weiterverbreiten. Gegossen wird wie üblich: im Sommer regelmäßig, bei Freiland-Aufenthalt und Sonnenschein reichlich, im Winter je nach Zimmertemperatur. Jedes Jahr, bei schwachem Wachstum jedes zweite, topft man um, und von März bis August düngt man in 14tägigen Abständen.

Vermehrung
Man nimmt Samen, weicht ihn einige Tage ein und sät bei Bodentemperaturen von 20–25 °C aus. Die Keimung erfolgt recht unregelmäßig, das kann 3 Wochen oder 3 Monate dauern; die Norm liegt jedoch für frischen Samen bei 15–30 Tagen. Die jungen Pflanzen wachsen schnell heran.

Washingtonia filifera gehört wegen ihres Größenwachstums und auch wegen ihrer Abneigung gegen trockene Luft im Zimmer zu den Palmen, die im Sommer auf der Terrasse oder im Garten aufgestellt werden sollten.

Andere Zimmerbäume

Es handelt sich hier um eine Auswahl im Handel befindlicher Pflanzen, die wegen ihres Aussehens und/oder wegen ihrer Ansprüche gut zu Palmen passen. Fast alle genannten Gewächse sind auch in Hydrokultur erhältlich. In Klammern sind die Lichtwerte angegeben, bei denen die Pflanzen am besten gedeihen.

Zimmertanne, *Araucaria heterophylla* (800–1000 Lux)

Goldblatt, *Aucuba japonica* (600–800 Lux)

Kroton, *Codiaeum variegatum* (2000 Lux)

Keulenlilie, *Cordyline* (2000 Lux); Arten und Sorten: *C. terminalis* und *C. t.* 'Volckerty'

Palmfarn, *Cycas revoluta* (800 Lux)

Dieffenbachie, *Dieffenbachia,* in Arten und Sorten (800–1000 Lux), zum Beispiel: *D. exotica* 'Compacta', *D. amoena* 'Tropic White' u. a.

Drazänen (800–1000 Lux); Arten und Sorten: *Dracaena deremensis* 'Warneckii', *D. fragrans* 'Massangeana', *D. marginata, D. m. tricolor, D. sanderiana*

Spindelstrauch, *Euonymus japonicus* (1000 Lux)

Sukkulente Wolfsmilch-Arten (1000 Lux): *Euphorbia erythraea, E. tetragona, E. trigona, E. tirucalli*

Feigen, Gummibäume (1000 Lux): *Ficus retusa* 'Variegata' (Ligusterfeige), *Ficus elastica* in Sorten (Gummibaum), *Ficus panduraeformae* (Dattelfeige), *Ficus benjamina* (Birkenfeige), *Ficus australis* (Australischer Gummibaum), *Ficus benghalensis* syn. *F. indica* (Indische Birkenfeige), *Ficus lyrata* (Geigenfeige, braucht nur 500–700 Lux)

Roseneibisch, *Hibiscus rosa-sinensis* (1800–2000 Lux)

Schattenstrauch, *Leea coccinea* (600–800 Lux)

Fensterblatt, *Monstera deliciosa* (600–900 Lux)

Schraubenbaum, *Pandanus veitchii* 'Variegata' (600–800 Lux)

Baumfreund, *Philodendron* (600–900 Lux); Sorten: *Ph. corcovadense, Ph. erubescens* 'Red Emerald' (Errötender Baumfreund), *Ph. martianum*

Strahlenaralie, *Schefflera actinophylla* (600–800 Lux)

Palmlilie, *Yucca elephantipes* (1500–2000 Lux)

Kleine Begleitpflanzen

Diese Blatt- und Blütenpflanzen wirken neben oder zu Füßen von Palmen besonders dekorativ. Hier zunächst eine Übersicht; die Porträts einzelner Arten folgen ab Seite 98.

Frauenhaarfarn, *Adiantum,* in Arten und Sorten (600–800 Lux)

Kolbenfaden, *Aglaonema,* in Arten und Sorten (500–800 Lux), zum Beispiel *A. commutatum,* 'Silver King', 'Silver Queen', *A. costatum, A. crispum*

Nestfarn, *Asplenium nidus* (900 Lux)

Königsbegonien, *Begonia-Rex-*Hybriden (800 Lux); große Sortenzahl mit unterschiedlich, stets auffällig gefärbten Blättern

Korbmarante, *Calathea* (1000 Lux); in Arten und Sorten wie *C. lietzei, C. makoyana*

Grünlilie, *Chlorophytum comosum* 'Variegatum' (1000 Lux); auch Hängepflanze

Cryptanthus zonatus (800–1000 Lux); in vielen Arten und Sorten mit gestreiften, gezeichneten und gebänderten Blättern

Zypergras, *Cyperus alternifolius* (1200–1500 Lux)

Fingeraralie, *Dizygotheca elegantissima* (1500 Lux)

Drazäne, *Dracaena godseffiana* (jetzt *D. surculosa;* 800–1000 Lux)

Efeutute, *Epipremnum aureum* (800–1000 Lux), in Sorten; auch Hänge- und Rankpflanze

Christusdorn, *Euphorbia milii* (1000 Lux), in Arten und Sorten

Kletterfeige, *Ficus pumila* (1000 Lux); auch Hänge- und Rankpflanze

Fittonie, *Fittonia* (800–1000 Lux), in Arten und Sorten

Zwergefeu, *Hedera helix* (600–800 Lux), in Arten und Sorten; auch Hänge- und Rankpflanze

Marante, *Maranta* (800–1000 Lux); in Arten und Sorten wie *M. leuconeura* 'Erythroneura', *M. l.* 'Kerchoveana' und andere

Schwertfarn, *Nephrolepis* (600–800 Lux); in Arten und Sorten wie *N. exaltata, N. e.* 'Teddy Junior'

Schlangenbart, *Ophiopogon jaburan* 'Variegata' (1000 Lux)

Zwergpfeffer, *Peperomia* (800 Lux); in vielen Arten und Sorten wie *P. tricolor* 'Tornado', *P. argureia, P. caperata, P. obtusifolia* 'Green Gold' mit Varietäten

Kletterphilodendron, *Philodendron scandens* (600–900 Lux); auch Hänge- und Rankpflanze

Kanonierblume, *Pilea* (800–1000 Lux); in Arten und Sorten wie *P. crassifolia* 'Moon Valley', *P. cadieri, P. nummulariifolia;* auch Hänge- und Rankpflanze

Saumfarn, *Pteris* (800–1000 Lux); in Arten und Sorten wie *P. cretica* 'Major', *P. c.* 'Albolineata' und andere

Judenbart, *Saxifraga stolonifera* 'Tricolor' (800–1000 Lux)

Kleine Begleitpflanzen

Sunda-Efeutute, *Scindapsus pictus* 'Argyraeus' (800–1000 Lux); auch Hänge- und Kletterpflanze.

Frauenhaargras, *Scirpus cernuus* (800–1000 Lux)

Mooskraut, *Selaginella* (600–800 Lux); in Arten und Sorten wie *S. martensii, S. m.* 'Watsoniana', *S. kraussiana* und andere

Bubiköpfchen, *Soleirolia soleirolii* (1000–1200 Lux)

Purpurtute, *Syngonium podophyllum* (800–1000 Lux); auch Hänge- und Rankpflanze

Dreimasterblume, *Tradescantia* (800 Lux); in vielen Arten und Sorten wie *T. blossfeldiana* 'Variegata', *T. fluminensis* 'Albo-vittata' und andere; auch Hängepflanze

Zebra-Tradeskantie, *Zebrina pendula* 'Quadricolor' (800 Lux); auch Hängepflanze

Chamaedorea elegans, Phoenix canariensis und ein Schwertfarn, *Nephrolepis.*

Kleine Begleitpflanzen

Kletterfeige, *Ficus pumila*

Fittonia verschaffeltii 'Argyroneura'

Kletterfeige
Ficus pumila

Raschwachsend und widerstandsfähig sind die Kletterfeigen mit ihren kleinen, festen, je nach Sorte dunkelgrünen oder weißbunten Blättchen. Sie wirken an Moosstäben kletternd genauso reizvoll und natürlich wie als Ampelpflanzen.
Platzwünsche Die kleinblättrigen Verwandten des Gummibaumes wachsen bei allen Licht- und Temperaturverhältnissen. Nur die Sonne mögen sie nicht.
Pflegetips Wasser wünscht die Kletterfeige, wenn es im Zimmer recht warm ist, 3–4mal die Woche. Sinkt das Thermometer unter 15 °C, reicht es aus, wenn jeden 3. Tag gegossen wird. Dünger ist erwünscht, und zwar von März bis August so alle 14 Tage.

Fittonie
Fittonia

Fittonien sind niedrig wachsende, krautartige Pflanzen mit wunderschön gefärbten Blättern. *Fittonia verschaffeltii* 'Argyroneura' bleibt klein und erfreut durch silbrigweiß geaderte Blätter, die an behaarten Stengeln sitzen. Ihre Namensvetterin, *F. verschaffeltii* 'Pearcei', wird wegen ihrer karminroten Adern noch höher eingeschätzt. Gegen die Unbilden des Zimmerpflanzendaseins am meisten gefeit ist *F. gigantea*, die 50 cm hoch wird und große, auffallend rötlich geaderte Blätter besitzt.
Platzwünsche Der Blumenfreund schätzt Fittonien aus gutem Grund: Sie wachsen selbst in dunklen Ekken, wo viele andere Zimmerpflanzen hilflos kapitulieren. Auch ihr

Kleine Begleitpflanzen

buntes Blätterkleid funkelt an schattigen Plätzen, daß es nur so eine Freude ist. Die sengenden Strahlen der Sonne sind deshalb unerwünscht.

Pflegetips Alle Fittonien wollen regelmäßig gegossen und recht oft »geduscht« werden. Eine 14tägliche Düngung, die von Oktober bis März eingestellt wird, genügt ihnen völlig für ein gutes Wachstum. Immer aber sind diese farbschönen Zwerge vor Zugluft zu schützen. Sie lassen sich im Frühjahr und Sommer recht leicht durch Stecklinge vermehren.

Efeu
Hedera

Wohl kaum eine Zimmerpflanzen-Gattung ist so reich an Formen und Varietäten wie der Efeu. Es ist schwierig, die einzelnen Arten und Züchtungen auseinanderzuhalten; wir wollen uns deshalb auch nicht um die Namen, sondern lieber um die Lebensgewohnheiten der so überaus haltbaren Kletterer kümmern.

Platzwünsche Wenn sie auch keine Sonne lieben und geringe Lichtansprüche stellen, so wollen die hübschen, bunten Arten doch hell stehen und nicht so oft von einem Platz zum anderen wandern.

Pflegetips Mit Recht wird der Efeu als Symbol der Dauer »bis über den Tod hinaus« angesehen; das gilt sowohl für den Garten- als auch für den Zimmerefeu.

Er hält sich besonders gut und lange, wenn man seinem großen Wasserbedürfnis Rechnung trägt. Der Efeu reagiert sofort auf Trockenheit durch Gelbwerden und Abstoßen seiner zierlichen, kleinen Blätter. Die Gießkanne sieht der Efeu gern, nicht aber die Dose mit dem Dünger: Durch reichliche Düngung im Verein mit zu nährstoffreicher Erde werden die Blätter größer, als es der Schönheit der Pflanze zuträglich ist. Auch zu hohe Temperaturen beeinflussen das Blattwachstum in dieser Richtung. Alle Efeu-Arten sind fleißige Ranker und Kletterer, wenn auch, je nach Art, das Tempo ihres Wachstums recht unterschiedlich ist; der Zimmergärtner wird sich mit der Aufstellung – im Topf mit kleinem Spa-

Zimmerefeu, *Hedera*

Roseneibisch, *Hibiscus*

lier, als Bodendecker oder herabhängend in der Ampel – immer nach der Wuchsform und dem Wachstumstempo richten. Der Efeu läßt sich im ganzen Jahr durch Stecklinge vermehren, die sich schnell und leicht in einer sandigen Erde bewurzeln.

Roseneibisch
Hibiscus

Die Farbenpracht und die Leuchtkraft der großen roten, gelben oder gescheckten Trichterblüten, die in unaufhörlicher Folge fast das ganze Jahr an diesem Zimmerstrauch erscheinen, machen den Roseneibisch zu einer Blütenpflanze ersten Ranges für Zimmer und Balkon.

Platzwünsche Im Zimmer liebt er helle, sonnige Plätze, die über die Blühfreudigkeit ein gewichtiges Wort sprechen; Lichtansprüche 1800–2000 Lux. Im Sommer steht er gern im Garten, auf dem Balkon oder der Terrasse, und im Winter bevorzugt er den Aufenthalt in nicht zu kühlen Räumen; hier darf die Temperatur nicht unter 12 °C absinken.

Pflegetips Sein strauchiger, breiter und schneller Wuchs ließ den

Kleine Begleitpflanzen

Roseneibisch früher nur die Rolle einer vielbewunderten Kübelpflanze spielen. Heute aber ist er ein gerngesehener Gast in sonnigen bis hellen Zimmern, weil schon die jungen, niedrigen und deshalb überall Platz findenden Pflanzen aus jeder Blattachsel eine Blüte bringen. Durch das schnelle Wachstum und die Vielzahl der Blüten ist das Nährstoffbedürfnis des Roseneibisch natürlich recht hoch. Reichliche Wassergaben, vor allem im Sommer, wöchentliche Düngerfütterung von März bis September und eine Ruhezeit im Winter sorgen erst für Blütenreichtum und Wachstumsfreude. Ein nicht zaghaft vorzunehmender, sondern kräftiger Rückschnitt der Triebe im Frühjahr sorgt für ein buschiges Aussehen und verhindert das In-die-Höhe-Wachsen. Vermehrt wird durch Stecklinge im Frühjahr.

Marante
Maranta

Maranten sind kleine, kostbare Blatt-Schmuckstücke und deshalb ideale Bei- und Unterpflanzen für Palmen und andere Zimmerbäume. Reich mit Ornamenten versehen sind die ovalen, wie Smaragde schillernden, olivgrünen Blätter, die bei der Sorte *M. leuconeura* 'Kercho-

Maranta leuconeura 'Erythroneura' (oben), *Maranta leuc.* 'Kerchoviana' (unten).

Kleine Begleitpflanzen

viana' außerdem noch hübsche dunkelbraune und dunkelgrüne Flecken aufweisen. *M. leuconeura* 'Massangeana' erfreut dagegen mit einem wirkungsvollen Fischgrätmuster.

Platzwünsche Maranten sind nicht nur kostbare Blattschönheiten, sondern auch bescheidene Zimmerbewohner. Sie wachsen gern im Schatten, fernab sengender Sonnenstrahlen. Nur im Winter, wenn die tägliche Lichtstundenzahl niedrig bleibt, schätzen sie die Helle des Zimmerfensters. An einem allzu dunklen Platz im Zimmer würde das Filigran ihrer Blätter bald verblassen. Zugluft mögen sie gar nicht, genausowenig wie schwankende Temperaturen oder einen kühlen Aufenthaltsort, ganz gleich zu welcher Jahreszeit. Erst in wohliger Wärme entwickeln sie eine Vielzahl schöner, gesunder Blätter.

Pflegetips Für das Wohlleben der Maranten sorgen überdies regelmäßige Wassergaben: jeden zweiten Tag gießen oder einmal in der Woche tauchen. Maranten dürfen ausnahmsweise in den Untersatz gegossen werden, da die Blätter sich fächerartig über den Topf legen und das Gießen erschweren. Kenner empfehlen zudem noch Nährstoffmahlzeiten von März bis August. Dann hat die Düngedose Ruhe, und das Gießen wird eingeschränkt, damit sich unser Blatt-Juwel zur Ruhezeit begeben kann. Im Winter nämlich bilden sich nur kleine Blätter. Nicht auf Pflegefehler zurückzuführen ist das Absterben älterer Blätter, das ganz natürlich ist. Vermehrung durch Teilen beim Umpflanzen.

Korallenmoos, *Nertera*

Korallenmoos
Nertera

Das Korallenmoos wird immer mit kugelrunden, korallenroten Früchten angeboten, die nach einiger Zeit abfallen.

Platzwünsche Sonne ist unerwünscht, ein halbschattiger Platz genügt diesen anspruchslosen Pflanzenzwergen, die nur in den dunklen Wintermonaten mehr ans Licht gerückt und kühler (8–10 °C) gestellt werden.

Kleine Begleitpflanzen

Pflegetips Um die Pflanze danach zu erhalten, ist es besser, sie durch Auseinanderreißen zu teilen und die einzelnen Pflanzenteile in kleine, mit einer Mischung aus abgepackter Blumenerde plus Sand gefüllte Blumentöpfe zu stecken. Ist der Topf nicht zu groß, wachsen die jungen Pflanzen bald an. In den ersten 4 Wochen danach wird nur tröpfchenweise gegossen, später dann regelmäßig und nicht zu wenig. Das gilt auch für das ausgewachsene Korallenmoos, das nur im Winter etwas trockener gehalten werden muß. Nach der winterlichen Ruhezeit beginnt im März das Wachstum, gefördert durch 3–4malige Düngegaben in 14täglichen Abständen.

Schlangenbart
Ophiopogon

Erfahrene Zimmergärtner geben dem Schlangenbart die Zimmereignungsnote »sehr gut«, weil er mit Gelassenheit selbst die schwierigsten Lebensbedingungen erträgt, vor denen seine Artgenossen längst kapitulieren. Dabei ist dieser grasartig wachsende Zimmerheld durchaus nicht unscheinbar, sondern weiß mit seinen schmalen, grünen oder gelbgestreiften Blättern zu gefallen.

Platzwünsche Schlangenbärte wachsen zufrieden selbst an lichtunbegünstigten Zimmerplätzen (Lichtansprüche: 1000 Lux), und es

Schlangenbart, *Ophiopogon*

stört sie nicht, ob sie im Winter in kühlen oder warmen, lufttrockenen Räumen leben müssen. Besonders gut entwickeln sie sich bei einem Frischluft-Aufenthalt an einem sonnenabgewandten Platz im Freien. Achtung: in der Sonne verbrennen die Blätter!

Kleine Begleitpflanzen

Die Madagaskar-Palme gehört zu den sukkulenten Gewächsen, also in die verwandtschaftliche Nähe der Kakteen. Mit Palmen hat sie nichts zu tun, aber sie hat nun einmal den Namen weg.

Madagaskar-Palme
Pachypodium geayi

Sie gehört zur großen artenreichen Familie der Sukkulenten, ähnlich wachsend und auch mit Dornen versehen wie Säulenkakteen. Ihr deutscher Name ist auf den palmenähnlichen Blätterschopf und ihre Heimat (Madagaskar) zurückzuführen. Eine »richtige« Palme aber ist sie nicht.

Platzwünsche Die sehr anspruchslose Madagaskar-Palme mag es sehr hell bis sonnig und einen Platz, wenn möglich über einem Heizkörper. An einem solchen Standort (mit Bodenwärme) behält sie das ganze Jahr über ihre Blätter.

Pflegetips Madagaskar-Palmen, die an fußwarmen Plätzen stehen, werden das ganze Jahr über regelmäßig gegossen; je nach Topfgröße und Temperatur 1–2mal die Woche.

Zwergpfeffer
Peperomia

Die reizvollen, genügsamen und variantenreichen Peperomien haben viele »Blattgesichter«. Da gibt es herabhängende Arten mit fleischi-

Pflegetips Die Wasseransprüche der Schlangenbärte sind bescheiden; sie richten sich nach den im Zimmer vorherrschenden Temperaturen. Es empfiehlt sich, lieber einmal zuwenig als zuviel zu gießen. Gedüngt wird in der Hauptwachstumszeit, von März bis August, in 14täglichem Abstand. Vermehrung durch Teilung.

gen, grünen, glänzenden Blättern, andere wieder sind weißbunt bis rahmweiß gefärbt. Die aufrecht wachsenden haben große, breite, aber auch kleinere Blätter von grüner, gelblicher oder silbrigweißer Färbung. Kurzum, eine vielgestaltige und formenreiche Gattung von genügsamen, kleinen bis mittelgroßen Blattpflanzen, die sich dank ihrer Anspruchslosigkeit an Licht und Wärme vielseitig im Zimmer verwenden lassen.

Platzwünsche Die grünblättrigen Arten wachsen willig an lichtfernen Plätzen (800 Lux), während die bunten heller stehen wollen (1200 Lux), um die Färbung ihrer Blätter besonders eindrucksvoll entwickeln zu können. Sie wollen im Winter nicht frieren (Temperaturen nie unter 8 °C) und stehen im Sommer gern an sonnenabgewandter Stelle im Freien.

Pflegetips Peperomien gewöhnen sich schnell und leicht an Zimmerluft und Zimmerwärme und freuen sich über ein oftmaliges Abspritzen der Blätter wie über 14tägliche Düngegaben in der Hauptwachstumszeit von März bis August. Ihr Nährstoffbedarf ist nicht allzu hoch. Gegossen wird regelmäßig, je nach

Peperomia obtusifolia 'Variegata' (oben), sie gehört zu den schönsten Peperomien, und zwar in Blatt und Gestalt, *Peperomia argyreia* (Mitte), *Peperomia repens* 'Variegata' (unten).

Zimmertemperatur, aber im Winter weniger, im Sommer mehr. Die Vermehrung läßt sich durch Stecklinge erfolgreich durchführen. Eine Peperomiensammlung kommt dadurch auch leicht zustande.

Kanonierblume
Pilea

Kanonierblumen, direkte Verwandte unserer Brennesseln, sind anspruchslose, schnellwachsende, kleine Pflanzen. Die reizvolle Gattung besteht aus der bekannten *Pilea cadieri* mit silbrig getuschten Blättern, der braungrünen *P. spru-*

Pilea nummulariifolia (links), *Pilea mollis* 'Moon Valley' (unten links), *Pilea cadieri* (unten rechts).

Kleine Begleitpflanzen

ceana mit kleinen, in Büscheln sitzenden, grünlichweißen Blütchen und *P. nummulariifolia,* einer Ampelpflanze, die den Zimmergärtner durch die Vielzahl pfenniggroßer, hellgrüner Blättchen erfreut, die an langen Ranken sitzen.

Platzwünsche Kanonierblumen wollen halbschattig bis schattig stehen, im Winter bei etwa 15 °C und im Sommer bei viel frischer Luft.

Pflegetips Sie wachsen in jeder guten Erde und nehmen von März bis August gern einen wöchentlichen Düngeguß entgegen. Die nicht allzu weichen Spitzen werden als Stecklinge verwendet und bis zum Bewurzeln in leicht angefeuchteten Sand gesteckt. Schon nach wenigen Tagen nehmen sie »Haltung« an, ein Zeichen, daß sich die ersten Wurzeln gebildet haben.

Blattpfeffer
Piper

Diese rankenden oder kletternden immergrünen Sträucher sind nicht mit dem Pfeffergesicht *(Peperomia)* oder mit den Pfefferfrüchte tragenden Arten *(Solanum)* zu verwechseln. Unser Zierpfeffer ist eine mit prächtigen dunkelgrünen oder bunten Blättern versehene Ampelpflanze, die wegen ihrer Haltbarkeit und Schönheit mehr Beachtung finden sollte. Als »Stars« wären *Piper ornatum* und *P. crocatum* zu nennen, mit ihren in der Jugend rosa-, später weißgefleckten Blättern. Oft sieht man den raschwüchsigen, dunkelgrünen *P. nigrum,* den Lieferanten des Speisepfeffers, der als besonders anspruchslos gilt.

Platzwünsche Alle Pfefferarten sind dankbar für einen warmen und schattigen Platz.

Pflegetips Nährstoffreiche Erde und in der Hauptwachstumszeit 14tägliche Düngegaben. Für regelmäßiges Gießen und für ständiges Abspritzen, vor allem in den Wintermonaten, muß gesorgt werden. Die Vermehrung kann gelingen; jeder Trieb, nicht nur die Spitzen, mit wenigstens 2–3 Blattpaaren, schlägt bald Wurzeln, wenn wir die Schale auf den Heizkörper stellen: die Wärme muß von unten an die Wurzeln.

Blattpfeffer, *Piper crocatum*

Judenbart, *Saxifraga stolonifera* 'Tricolor'

Judenbart
Saxifraga stolonifera

Immer gern gesehen wird diese krautartige Pflanze mit ihren runden, behaarten, unten rötlichen und oben grünen Blättern. Aber es sind die hübschen Blätter nicht allein, die uns erfreuen, sondern die vielen kleinen jungen Pflanzen, die munter und frisch an langen Stielen herabhängen. Auch der Blütenstand soll nicht übersehen werden; manchmal wird er bis zu 40 cm hoch und trägt zahlreiche kleine, weißlich bis rosa gefärbte Blütchen.

Platzwünsche Der Judenbart fühlt sich an einem hellen, aber nicht sonnigen und im Winter nicht zu warmen Platz recht wohl; im Sommer steht er gern an einem beschatteten Platz im Freien. Die Sorte 'Tricolor' will es etwas wärmer.

Pflegetips Nach der Blüte nicht mehr düngen und auch die Wassergaben ein wenig einschränken. Auf diese Weise erholen sich die Pflanzen schnell und bilden bald wieder viele neue Blätter und Triebe. Vermehrung durch Abtrennen der kleinen Pflänzchen.

Kleine Begleitpflanzen

Frauenhaargras
Scirpus cernuus

Blumenfreunde, die gleichzeitig Aquarianer sind, wissen das Frauenhaargras sehr zu schätzen. Es umkleidet mit seinen unzähligen, grünen Halmen die Zierfischgefäße und ist gleichzeitig als interessante Beipflanze oder Bodendecker gut zu verwenden.

Platzwünsche Das Gras wächst am besten im Halbschatten und kann keine Sonne vertragen.

Pflegetips Abzuraten ist jedoch von der Verwendung als Ampelpflanze, da das Frauenhaargras stets in einem mit Wasser gefüllten Untersetzer stehen möchte; es sei denn, man verwendet Töpfe mit festem Untersatz. Es kennt überhaupt keine Ruhezeit und wächst ohne Unterlaß. Trockene Luft ist diesem zierlichen Gras höchst zuwider: Wir erleichtern ihm deshalb das Zimmerpflanzendasein durch oftmaliges Abspritzen des dichten Halmschopfes. Dafür dankt es uns durch ein freudiges Wachstum an hellen wie an schattigen Plätzen. Vermehrt wird das Frauenhaargras durch Auseinanderreißen des Wurzelballens, dessen Teilstücke anschließend in eine sandige Erde gepflanzt werden.

Mit seinen lang herabhängenden Halmen läßt sich das Frauenhaargras gut unter Palmen aufstellen.

Kleine Begleitpflanzen

Moosfarn
Selaginella

Der Blumenfreund findet die kleinen farnähnlichen Selaginellen oft in Blumenschalen oder Geschenkkörben, besonders die kriechende, niedrige *Selaginella kraussiana,* die entweder gelbgrüne oder grüne Blätter mit weißen Spitzen besitzt. Etwas größer und aufrecht wachsend ist *S. martensii,* von der es neben der grünen Stammart noch eine Varietät mit weißgelben Spitzen gibt. Und immer mehr neue Sorten kommen hinzu.

Platzwünsche Alle Selaginellen kommen mit wenig Licht aus und sind deshalb ideale Bodendecker für ebenso lichtgenügsame Palmen und andere Zimmerbäume.

Pflegetips Moosfarne stehen gern in leichter, torfhaltiger Erde; hier läuft das Wasser schnell durch, und deshalb ist es nötig, Moosfarne öfter als andere Zimmerpflanzen zu gießen. Ein Zuviel an Wasser ist aber von Übel, genauso wie das Abspritzen der »wasserscheuen« Blätter. Dünger darf nur in geringen Mengen verabreicht werden. Alle Moosfarne lassen sich leicht durch Teilung der Pflanzen oder durch Abtrennen von Zweigspitzen vermehren. Ältere Pflanzen müssen ohnehin regelmäßig geteilt werden.

Mooskraut, *Selaginella kraussiana,* deckt Palmentöpfe zu.

Bubiköpfchen
Soleirolia soleirolii
(früher *Helxine*)

Raschwachsende Pflanze mit kleinen, hell- bis dunkelgrünen oder gelben Blättchen, die malerisch über den Topfrand hängen.
Platzwünsche Den Bubiköpfchen ist es egal, wo sie stehen, ob an hellen oder schattigen, warmen oder kühlen Plätzen. Nur im Winter, wenn stärker geheizt wird, sollen sie nahe ans Fenster rücken. Da bleiben sie dann schön in Form.
Pflegetips Als raschwachsende Pflanzen brauchen sie viel Wasser, deshalb jeden zweiten Tag gießen, nur an kühlen Standorten weniger. Das Düngen kann man sich sparen. Wenn sich gelbe Blätter zeigen, umtopfen oder die Pflanze in zwei Hälften teilen und in neue Töpfe setzen. Die Vermehrung gelingt auch mit ganz kleinen Teilstücken.

Purpurtute
Syngonium

Das schnellwachsende *Syngonium* kann sowohl als Kletterpflanze (an Moosstäbchen) wie auch als Bodendecker verwendet werden. Man kann beinahe zusehen, wie *S. auritum,* so heißt die Art mit den pfeil-

Bubiköpfchen, *Soleirolia* (oben), Purpurtute, *Syngonium* (unten).

förmigen, glänzend-grünen Blättern, wächst. Hellgrün und dünn sind die Blätter von *S. podophyllum,* von der es auch eine Sorte mit gelbgefärbten und eine mit weißumrandeten Blättern gibt. Die Purpurtuten mit ihrem unglücklichen Namen kann man auch als Ampelpflanzen einsetzen. Dabei muß aber eine bequeme Wasserversorgung gewährleistet sein, zum Beispiel durch einen Übertopf in der Ampel.

Platzwünsche Die Vorzüge der Purpurtuten beschränken sich aber keineswegs auf ihr enormes Wachstum, sie stellen an Pflege und Wartung überdies nur geringe Ansprüche. Sie wachsen besonders schnell in warmen Räumen, wo wir sie aber immer ausreichend mit Wasser versorgen müssen; außerdem gedeihen *Syngonium* sogar noch an lichtunbegünstigten, schattigen bis halbschattigen Plätzen (Lichtansprüche: 600–800 Lux). Sie sind deshalb auch hervorragend als Beipflanzen für alle jene Palmen geeignet, die unten ein bißchen kahl geworden sind. Natürlich nicht nur für diese.

Pflegetips Werden die Blätter an den Spitzen der Triebe kleiner, so liegt Nahrungsmangel vor; deshalb das Düngen nicht vergessen. Vermehrung durch Einpflanzen von Trieben mit Luftwurzeln.

Von links nach rechts: Schwertfarn *(Nephrolepis)*, Frauenhaarfarn *(Adiantum)*, zwei Saumfarne *(Pteris)*, Nestfarn *(Asplenium nidus)*.

Anbau und Nutzung der Palmen

Kokospalme
Cocos nucifera

Bei Palmen werden seit Jahrhunderten nicht nur die Früchte verwendet, sondern auch Stamm, Blätter und Sprossen, aus denen beispielsweise das bekannte Spanische Rohr gefertigt wird. Bevor die Kolonisierung durch die Europäer und damit die Ausbeutung auch der pflanzlichen Erzeugung der bis dahin unbekannten Länder und Kontinente begann, hatten vor allem die Früchte der Palmen einen hohen Stellenwert im Ernährungsverhalten der Eingeborenen. So zum Beispiel die Kokosnuß, die auf den Philippinen, in Indonesien, Ozeanien, Indien, auf verschiedenen Südseeinseln, Sri Lanka und in Mexiko und anderen Regionen wächst. Hier liegen noch heute die kommerziell am meisten genutzten Anbaugebiete dieser ölhaltigen Frucht. Man findet sie außerdem auf den Inseln der Südsee und an den Küsten Afrikas, Mittel- und Südamerikas. In allen diesen Ländern wird ein großer Teil der Ernte selbst verbraucht.
Die Kokospalme und die Kokosnuß liefern den Eingeborenen Essen und Trinken in Form von Kokosfleisch, Gemüse, Palmzucker,

Kokospalmen-Plantage auf der Insel Mahé (Seychellen). Kopra ist heute der Hauptausfuhrartikel dieser Inselrepublik.

Anbau und Nutzung der Palmen

Kokosmilch und Palmwein. Auch als Baumaterial wird die Kokospalme genutzt. So bietet sie Holz für Hütten und Boote und Bast für Stricke und Matten. Wegen dieser vielfältigen Verwendungsmöglichkeiten wird diese Palme von den Eingeborenen hoch geschätzt und verehrt. Diese Bewunderung findet noch heute durch so blumenreiche Namen wie »Königin Kokospalme« oder »Baum des Himmels« ihren deutlichen Ausdruck.

Die größte wirtschaftliche Bedeutung haben die Kokosfaser und die ölhaltige Kopra. Kopra (= getrocknetes Fruchtfleisch, das nur 5–7% Wasser enthält) wird hauptsächlich von europäischen Ländern mit großen Ölmühlen, wie Holland, Frankreich, Bundesrepublik Deutschland, eingeführt. Bei einem Ölgehalt von 63–70% gewinnt man aus 1 kg Kopra etwa 650 g Kokosöl, das in den Tropen flüssig, in unserem gemäßigten Klima jedoch ein geschmeidiges Fett ist. Dieses wird vornehmlich als Back- und Bratfett und auch als Rohstoff für die Margarineherstellung verwendet.

Von den Menschen wird die Pflanze seit etwa 4000 Jahren genutzt. Etwa ab 1740 betrieben Portugiesen, Holländer und später auch deutsche Pflanzer Plantagenbau. Ab 1820 fand Kopra den Weg in die europäischen Ölmühlen.

Die reife Kokosnuß ist so groß wie ein Kinderkopf und an drei Seiten abgeflacht. Sie gehört zu den Stein-

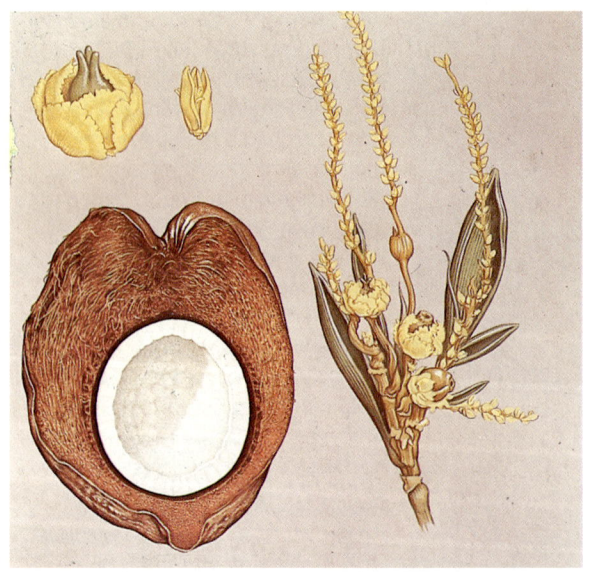

Kokospalme mit Blütenstand. Links oben die größere weibliche Blüte und daneben die kleinen männlichen Blüten. Darunter Querschnitt durch eine Kokosnuß; in der Mitte das weiße Kern- oder Fruchtfleisch.

Kokospalme voller reifer Früchte, die bald geerntet werden.

früchten und besteht aus mehreren Schichten. Außen ist sie von einer dünnen, gelblichbraunen, lederartigen, mit feinem Wachsbezug bedeckten Oberhaut umgeben. Darunter liegt eine dickere, braunrote Bastschicht, die Kokosfaser. Sie umschließt eine harte, kugelförmige Steinschale, die den Samen enthält. Er besteht aus einer 1–2 cm dicken Schicht aus Kern- oder Fruchtfleisch, das eng an der Innenseite der Steinschale haftet. Der Samen bildet einen Hohlraum, der mit einer wasserhellen, süßlich schmeckenden Flüssigkeit, dem Kokoswasser beziehungsweise der Kokosmilch, gefüllt ist.

Anbau und Ernte

Die Kokospalme braucht viel Sonne, Wärme und Feuchtigkeit. Die Temperatur darf nicht unter 20 °C absinken. Da die Kokospalme hohen Salzgehalt der Luft verträgt, wächst sie vorwiegend in Küstennähe. Dort liegen auch die meisten Plantagen. Ins Landesinnere dringen die Ko-

kospalmen nur an Flußläufen vor. Für den Plantagenanbau werden die Kokosnüsse in Anzuchtbeeten zur Keimung gebracht und nach 6 Monaten ausgepflanzt. Nach 6–7 Jahren tragen die Bäume erstmals Früchte; nach dem 15. Jahr liefert die Palme etwa 70 Jahre lang je 50–100 Kokosnüsse. Die Früchte reifen nacheinander und werden das ganze Jahr über geerntet – entweder per Hand, indem Eingeborene die hohen Kokospalmen erklettern und die reifen Früchte mit einem Messer abschlagen, oder man trennt sie vom Boden aus ab, durch lange Stangen, an denen Messer angebracht sind.

Die Kokosnüsse werden nun von der Faserschicht befreit, mit Messern ausgeschlagen und an der Sonne getrocknet. Dadurch löst sich die weiße, stark ölhaltige Fleischschicht von der Schale. Dieses Fruchtfleisch wird getrocknet, bis es nur noch die erwähnten 5–7% Wasser enthält. In diesem Zustand wird es Kopra genannt und ist transportfähig. Neben der Kopra liefert die Kokosnuß ein wichtiges Fasermaterial, das sich verspinnen läßt und zu Seilen oder Teppichen verarbeitet werden kann.

Eingeborene Erntehelfer erklettern die Kokospalme und schlagen die Früchte ab. Das ist einfacher, als sie mit langen Stangen, an denen Messer angebracht sind, vom Boden aus zu ernten.

Anbau und Nutzung der Palmen

Von den Kokosnüssen wird die Faserschicht entfernt

Kokos-Wedel werden zum Dachdecken verwendet (rechts).

Kopra, das trockene Fruchtfleisch.

Anbau und Nutzung der Palmen

Ölpalme
Elaeis guineensis

Die Ölpalme ist sowohl im tropischen Afrika als auch in Südostasien und in Südamerika zu Hause. Sie wächst überall dort, wo gleichmäßige Temperaturen zwischen 24 und 30 °C herrschen, im Gegensatz zur Kokospalme *(Cocos nucifera),* die vorwiegend in Küstennähe und im Landesinneren nur an Flußläufen zu finden ist.

Die Ölpalme gedeiht gleich gut mitten im Urwald, an Flüssen, in sumpfigen Gegenden und im Gebirge. An die Beschaffenheit des Bodens stellt sie überhaupt keine Ansprüche. Magere, fette oder feuchte Böden haben keinerlei Einfluß auf die Entwicklung der Palmfrüchte.

Beschreibung

Die Ölpalme ist eine Fiederpalme. Ihr Stamm wird 15–30 cm hoch. Die federähnlichen Blätter werden bis 6 m lang. Etwa 40–60 dieser Blattwedel bilden die Baumkrone.
Die Ölpalme trägt vom 3. Jahr an Früchte, vom 12. Jahr an ist sie voll ertragsfähig und bleibt ungefähr 60 Jahre lang fruchtbar. Ölpalmen können bis 120 Jahre alt werden. Die Blüten wachsen aus den Blattachseln im Inneren der Baumkrone. Zwischen der Bestäubung (Fremdbestäubung) und der Fruchtreife vergehen 5–6 Monate.

Ölpalmen-Plantage in Malaysia.

Auf dem nach oben spitz zulaufenden Fruchtkolben stehen dicht gedrängt die pflaumengroßen Palmfrüchte. Sie sind orangefarben, mitunter auch bräunlich. Der Fruchtstand, der wie ein großer Igel aussieht, trägt bis zu 2000 Einzelfrüchte und wird 50–60 kg schwer. Die walnußähnliche Palmfrucht besteht aus dem weichen, gelbroten und ölhaltigen Fruchtfleisch, einer harten, braunen Nußschale und den 2–3 fetthaltigen Plamkernen (Samenkerne), die sich in dieser Nußschale befinden.

Geschichtliche Entwicklung

Die ersten Berichte über die Ölpalme und das aus ihren Früchten gewonnene Öl stammen von portugiesischen Seefahrern. »Man sieht Ölpalmen, nichts als Ölpalmen«, schrieb Kapitän Gileannes in sein Schiffstagebuch, als er in Afrika 1434 die Küste von Guinea erreichte. Palmöl wurde von den Eingeborenen als Speiseöl und zur Körperpflege verwendet.
Nachdem auch das Landesinnere um die Jahrhundertwende erschlossen war, wurde die Ölpalme planmäßig angebaut und geerntet. Anbau, Handel und Verarbeitung begannen in großem Stil.
Die Plantagen befinden sich heute hauptsächlich in Äquatorial-Afrika, Südostasien und in einigen Gebieten Brasiliens, besonders am Unterlauf des Amazonas. Hauptanbaugebiet mit den ältesten und ausgedehntesten Plantagenkulturen ist ein 50–200 km breiter Streifen entlang der westafrikanischen Küste rund um den Golf von Guinea. Zu den anliegenden Staaten, die be-

Ölpalmen-Ernte mit Stangen.

Die Fruchtstände der Ölpalme.

Anbau und Nutzung der Palmen

trächtliche Jahresproduktionen aufweisen, gehören: Nigeria, Zaire, Sierra Leone, Elfenbeinküste, Ghana und das nördliche Angola. In Asien sind Malaysia (Sumatra) und Indonesien »Ölpalmenländer«.

Anzucht und Ernte
Junge Palmen werden in Saatbeeten gezogen und nach 1 Jahr verpflanzt. Nach 2–3 Jahren sind die ersten Fruchtstände erntereif. Nach dem 12. Jahr bringt die Palme die höchsten Ernteerträge.
Unter der Tropensonne reifen die Palmfrüchte unentwegt, so daß sie das ganze Jahr über geerntet werden können. Plantagenarbeiter lehnen Bambusstangen an die Ölpalmen, klettern bis in die Baumkronen und schlagen mit Haumessern die reifen Fruchtkolben ab. Von niedrig wachsenden Palmen, ähnlich unserem Niederstammobst (Äpfel), werden heute die Fruchtstände auch schon vom Boden aus mit langstieligen Messern geerntet. Das geschieht in größeren Plantagen.
Bei der Aufbereitung werden die frischen Früchte mit Wasserdampf sterilisiert, damit das empfindliche Fruchtfleisch nicht verdirbt. Durch Schüttel- und Siebvorrichtungen wird dann die Frucht von dem Kolben getrennt. Die Früchte enthalten 2 Ölsorten: Palmöl aus dem Fruchtfleisch und Palmkernöl aus dem Samenkern.

Oben links: Blütenähre der Ölpalme, daneben Fruchtstand in verschiedenen Stadien. Unten links: die einzelnen Blüten. Unten rechts: Die Früchte enthalten das Fruchtfleisch, aus dem Palmöl gewonnen wird. Die Samen (Palmkerne) liefern das Palmkernöl.

Dattelpalmen werden hauptsächlich im Nahen Osten angebaut.

Öl- und Fettherstellung

Das Palmöl wird dem Fruchtfleisch bereits in den Anbauländern durch Pressen und Zentrifugieren (Schleudern) entzogen. Es ist dunkelgelb bis gelbrot, riecht veilchenartig und schmeckt süßlich. Das Fruchtfleisch hat einen Ölgehalt von 60–70%. Die Steinkerne der Ölpalmfrucht werden bei 60 °C getrocknet und anschließend maschinell geknackt. Palmkerne enthalten 40–50% Öl, das durch Pressen und Extrahieren gewonnen wird. Das Palmkernöl ist in unseren Breiten fest und wird daher auch Palmkernfett genannt. Es sieht weiß oder gelblich aus, riecht und schmeckt angenehm und ist dem Kokosfett sehr ähnlich.

Dattelpalme
Phoenix dactylifera

Zur Fruchtgewinnung werden die Dattelpalmen vor allem in Arabien, Palästina, Ägypten, Iran und im südlichen Irak angebaut. Ihre Lebensbedingungen sind an heißen Standorten mit durchschnittlichen Temperaturen um 30 °C am idealsten. Ist kein Grundwasser vorhanden, müssen die Palmen künstlich bewässert werden, so wie es zum Beispiel auch in vielen der von Hitze ausgedörrten Oasen praktiziert wird.

Anbau und Nutzung der Palmen

Vielfältige Verwendung
Die Datteln gehören zu den lebensnotwendigen Nahrungsmitteln der Araber, gleich ob es sich um die sogenannten Zuckerdatteln (Obstdatteln) oder um die Stärkedatteln handelt, bei denen die beim Reifeprozeß zunächst gebildete Stärke nicht in Zucker umgewandelt wird. Diese lange haltbaren Stärkedatteln werden in Schafsleder eingenäht und gehören zur »eisernen Ration« der die Wüste durchquerenden Beduinen.
Zu den weiteren Verwendungsmöglichkeiten gehört ein aus Datteln gewonnener Sirup (»Palmenhonig«), den man zu Zucker oder Arrak vergären läßt.
Wie auch von Kokos- und anderen Palmen wird im arabischen Raum fast alles von der Palme genutzt – die Stämme zum Bauen und Heizen, die Blätter zum »Dachdecken« und die aus den Blättern gewonnenen Fasern für die Herstellung von Seilen, Matten und allerlei Behältern.

Anbaugebiete
Aus der nordafrikanischen und arabischen Region kommt mehr als die Hälfte aller in der Welt produzierten Datteln. Früher nur auf diesen Teil der Welt beschränkt, werden Obstdatteln heutzutage auch in den USA (Arizona, Kalifornien, Texas), in Mexiko, Südamerika und Australien angebaut. In Europa ist das Gebiet um den Ort Elche bei Alicante bekannt, wo bereits die Phönizier (semitisches Handelsvolk aus dem Libanon, etwa um 1100 v. Chr.) Dattelpalmen gepflanzt oder Dattelkerne gelegt haben. Maurische Gärtner ließen die Kultur im 12. Jahrhundert wieder aufleben. Und so ist sie bis heute geblieben.

Bestäubung und Fruchtbildung
Um hohe Ernten zu erzielen, werden die zweihäusigen Palmen (es gibt also männliche und weibliche Einzelpflanzen) künstlich bestäubt. Dabei läßt man für 30–50 weibliche Pflanzen nicht mehr als 1 männlichen Baum stehen. Die Bestäubungsmethode ist uralt: Männliche Blütenstände werden abgeschnitten und in den weiblichen Palmen ausgeschüttelt; oder man bindet sie in den Zweigen fest, und die weitere Bestäubung besorgt der Wind.
Die nach 5–6 Monaten reifenden pflaumenförmigen Steinfrüchte verändern in reifem Zustand die Farbe von Goldbraun bis Rotbraun. Das Fruchtfleisch ist dick und von einer silbrig schimmernden Wachshaut überzogen. Etwa 8 Jahre müssen die Bäume alt sein, um die ersten Früchte zu bringen. Lohnende Erträge gibt es erst ab dem 30. Jahr. Die ältesten Dattelpalmen erreichen ein Lebensalter von etwa 200 Jahren. An günstigen Standorten sollen sie sogar noch älter werden.

Die Palme, Symbol für Tropenferne und Romantik.

Register

A
Abmoosen 35, 37
Archontophoenix 19, 47
Areca catechu 19, 49
Arecastrum romanzoffianum 19
Assaipalme 19, 68
Aussaaterde 34

B
Bakterienkrankheiten 42
Begleitpflanzen 96
Begonia-Rex-Hybriden 96
Beleuchtungssets 24
Bergpalme 19, 54
Betelpalme 19, 49
Blattläuse 42
Blattpfeffer 107
Bodenheizung 36
Botanische Gärten 11
Brennpalme 19, 52
Bubiköpfchen 111
Butia capitata 19

C
Calamus ciliaris 19, 34, 51
Caryota urens 19, 52
Chamaedorea elegans 19, 35, 54
Chamaerops humilis 16, 19, 34, 54, 56
Chrysalidocarpus lutescens 19, 61
Cocos nucifera 19, 63, 115
Colpothrinax wrightii 19
Copernica 19
Cyrtostachys renda 19, 66

D
Dattelpalme 19, 80, 123

E
Efeu 99
Elaeis guineensis 10, 120
Erythea 19
Euterpe edulis 19, 68
Euterpe oleracea 68

F
Faßpalme 19
Feigen 95

Fensterblatt 95
Ficus pumila 98
Fischschwanzpalme 19, 52
Fittonia 98
Flaschenpalme 19
Frauenhaargras 109

G
Gelbsticker 44
Geleepalme 19
Goldfruchtpalme 19, 61
Gummibäume 95

H
Hanfpalme 16, 19, 89
Hedera 99
Hibiscus 100
Honigpalme 19
Howeia 19, 68
Howeia belmoreana 69
Howeia forsteriana 69
Hydrokultur 24
Hyophorbe amaricaulis 19

J
Jubaea 19
Judenbart 108

K
Kanarische Dattelpalme 19, 83
Kanonierblume 96, 106
Keimdauer 34
Kentiapalme 19, 68
Kletterfeige 96, 98
Königspalme 19, 87
Kohlpalme 19, 63, 68, 89
Kokosnuß 9
Kokospälmchen 19, 77
Kokospalme 10, 19, 63, 115
Korallenmoos 102
Krankheiten 38, 41

L
Licht 21
Licuala 19, 73
Lodoicea 19, 75
Livistona 19, 74

Register

M
Madagaskar-Palme 104
Maranta 101
Microcoelum weddelianum 19, 77
Monstera 95
Moosfarn 112

N
Neodypsis 19, 79
Nephrolepis 96
Nertera 102
Nikanpalme 19, 86

O
Ölpalme 10, 120
Ophiopogon 96, 103

P
Pachypodium geayi 104
Palmenhäuser 11
Palmenpflege 16
Palmensamen 34
Peperomia 104
Pflanzgefäße 17
Pflegefehler 38
Philodendron 95
Phoenix 7, 16, 81
Phoenix canariensis 19, 82
Phoenix dactylifera 7, 19, 82, 123
Phoenix roebelenii 81, 84
Pikieren 30
Pilea 96, 104, 106
Pilzkrankheiten 41
Piper 107
Pritchardia 19
Pteris 96

R
Rhapis 19, 34, 85
Rhopalostylis 19, 86
Roseneibisch 100
Rotangpalme 19, 34, 51, 87
Rote Spinne 42
Rotstielpalme 19, 66
Roystonea oleracea 19

Roystonea regia 19
Rutenpalme 19, 34, 85

S
Sabalpalme 19
Saumfarn 96
Saxifraga stolonifera 108
Schädlinge 41
Schildläuse 44
Schlangenbart 103
Schwertfarn 96
Scirpus cernuus 109
Selaginella 110
Seychellennußpalme 19, 75
Soleirolia 111
Spinnmilben 42
Springschwänze 45
Steckenpalme 19, 34, 85
Strahlenaralie 95
Strahlenpalme 19, 73
Syngonium 111

T
Teilung 35
Trachycarpus fortunei 16, 19, 89

U
Umtopfen 17

V
Vermehrung 29, 34, 35, 37
Viruskrankheiten 42

W
Wachspalme 19
Washingtonia 92
Wasserwünsche 20
Weiße Fliege 43

Z
Zimmerbäume 95
Zimmertanne 95
Zwergdattelpalme 19, 81
Zwergpalme 16, 19, 35, 56
Zwergpfeffer 104
Zwergrutenpalme 19, 85
Zusatzbeleuchtung 23

Garten – ein immergrünes Thema

BLV Gartenberater

Hendrik Nicolaas Cevat
Was fehlt denn meiner Zimmerpflanze?
Schäden erkennen und behandeln

Werner Funke
Der Obstgehölzschnitt
Obstbäume und Beerensträucher zweckmäßig schneiden und erziehen

Edgar Gugenhan
Bunte Gärten auf Balkon und Terrasse
Gestaltung, Pflege, Pflanzenauswahl

Kurt Henseler
Der Pflanzendoktor für den Hausgarten
Krankheiten und Schädlinge erkennen, Obst, Gemüse und Zierpflanzen richtig behandeln

Hugo Herkner
Rund um den Wasser-garten
Gestaltung und Pflege, Pflanzen und Tiere

Karlheinz Jacobi/ Dietrich Mierswa
Gärtnern unter Glas und Folie
Kleingewächshäuser und Frühbeete, Bau, Technik, Nutzung

Marie-Luise Kreuter
Kräuter und Gewürze aus dem eigenen Garten
Naturgemäßer Anbau, Ernte, Verwendung

Günther Liebster
Freude und Erfolg im eigenen Gemüsegarten

Peter Hans Nengelken
Wintergärten und Überdachungen
Planen, Bauen, Bepflanzen

Wolfgang Rysy
Orchideen
Tropische Orchideen für Zimmer und Gewächshaus

Elisabeth Schmitt/ Karlheinz Jacobi
Der Garten im Jahreslauf

Martin Stangl
Freude und Erfolg im eigenen Obstgarten

Martin Stangl
Stauden im Garten
Auswahl, Pflanzung, Pflege

Christiane Widmayr
Bauerngärten neu entdeckt
Geschichte, Anlage, Pflanzen, Pflege

Garten-Erlebnis

Ilse Höger-Orthner
Vom Zauber der Alten Rosen
Geschichte, Sorten, Gestaltung

Viktoria-Luise Kannenberg-Beyer
Kleiner Garten gut in Form
Planen und gestalten leicht gemacht

Michael Lohmann
Der blühende Zimmergarten
Blattpflanzen und Blütenschönheiten

Michael Lohmann
Blütenzauber am Haus
Balkon, Terrasse, Dachgarten

Michael Lohmann
Der bunte Blumengarten
Stauden, Sommerblumen, Ziergehölze

Michael Lohmann
Grüne Träume unter Glas
Schönes und Nützliches in Wintergarten und Gewächshaus

Michael Lohmann
Der kleine Küchengarten
Gemüse, Kräuter, Beerenobst

Michael Lohmann
Der lebendige Wassergarten
Tümpel, Teiche, Bäche, Quellen

Michael Lohmann
Der natürliche Garten
Anlage, Bepflanzung, Lebensgemeinschaften

Siegfried Stein
Großmutters Blumengarten
Pflanzen aus alten Zeiten wiederentdeckt

Gärtnern leicht und richtig

Karlheinz Jacobi
Balkon und Terrasse

Karlheinz Jacobi
Rosen

Martin Stangl
Gartenarbeit rund ums Jahr

Martin Stangl
Obstbäume schneiden und veredeln

Siegfried Stein
Gemüse

Siegfried Stein
Wassergärten

In unserem Verlagsprogramm finden Sie Bücher zu folgenden Sachgebieten:

Garten und Zimmerpflanzen • Natur • Angeln, Jagd, Waffen • Pferde und Reiten • Sport und Fitness • Reise und Abenteuer • Wandern und Alpinismus • Auto und Motorrad • Essen und Trinken • Gesundheit

Wünschen Sie Informationen, so schreiben Sie bitte an:

BLV Verlagsgesellschaft mbH • Postfach 40 03 20 • 8000 München 40

Dies ist nur eine Auswahl aus über 110 Titeln zum Thema.